Josef Häfele / Hans Stammel

Stundenblätter
Reflexion über Sprache / Wortbedeutung und Sprechakte

Sekundarstufe II

27 Seiten Beilage

Ernst Klett Verlag

Reihe: Stundenblätter Deutsch
Herausgeber dieses Heftes: Jürgen Wolff

Die in diesen Stundenblättern behandelten Texte und Arbeitsblätter sind abgedruckt in einem Schülerheft in der Reihe „Arbeitsmaterialien Deutsch" (Klettbuch 35960).

CIP-Titelaufnahme der Deutschen Bibliothek

Häfele, Josef:
Stundenblätter Reflexion über Sprache, Wortbedeutung und Sprechakte:
Sekundarstufe II / Josef Häfele; Hans Stammel. –
2. Aufl. – Stuttgart: Klett, 1988
(Reihe: Stundenblätter Deutsch)
ISBN 3-12-927471-5

NE: Stammel, Hans:

ISBN 3-12-927471-5

2. Auflage 1988

Satz: G. Müller, Heilbronn, und Wilhelm Röck, Weinsberg
Druck: Wilhelm Röck, Weinsberg
Einbandgestaltung: Zembsch' Werkstatt, München

Inhalt

1. Reflexion über Sprache in der Schule

Die Beschäftigung mit dem Aufbau und dem Funktionieren der Sprache ist in den Lehrplänen der gymnasialen Oberstufe ausdrücklich vorgesehen. Diese Lehrplanvorgabe ist durchaus zu begrüßen. Einsichten in das Phänomen *Sprache* können den Schülern helfen, bewußter und mit einem tieferen Bezug mit etwas umzugehen, dessen sie sich in fast jeder Lebenssituation bedienen. Befremden muß aber, wie diese Lehrplanvorgabe mit bestimmten Lernzielen verbunden ist. So wird in manchen Lehrplänen gefordert, der Lehrer solle „ein integriertes Verständnis sprachlicher Vorgänge" oder gar die Antwort auf die Frage „Was ist Sprache?" vermitteln. Befremden muß hier vor allem die Gewißheit der Lehrplanmacher, daß solche Forderungen, noch dazu in der Schule, überhaupt erfüllbar sind.
Angesichts dieser umfassenden Lehrplanvorgabe scheint es nicht weiter verwunderlich, wenn viele Lehrer gegenüber dem Thema *Sprache* eine skeptische Reserviertheit zeigen und viel lieber literarische Themen in der Oberstufe behandeln. Begegnen könnte man diesen weitgesteckten Lernzielen nur mit einer umfassenden, über Jahre hinweg erworbenen sprachwissenschaftlichen Kompetenz, die bei der Entscheidung hilft, welche Lerninhalte auf welche Weise in der Schule machbar sind. In diesem Punkt ist aber ein Großteil der Lehrerschaft überfordert. Studiengänge an der Universität waren möglich, ohne auch nur am Rande mit dem relativ jungen Studiengang Linguistik oder Sprachphilosophie in Berührung gekommen zu sein. Es ist mehr als nur verständlich, wenn diese Lehrer sich nicht mit einer für sie nur schwer überschaubaren Thematik befassen wollen.

In Hinblick auf diese Voraussetzungen soll dem Lehrer mit diesen Stundenblättern eine praktikable Unterrichtsreihe an die Hand gegeben werden, mit der wesentliche Teile des Themas *Sprache* im Unterricht der gymnasialen Oberstufe abgedeckt werden. Eine vollständige und umfassende Antwort auf die Frage *Was ist Sprache?* können auch wir nicht geben. Allein schon die Beschränkung auf Themen der Semantik zeigt dies an. Aber innerhalb dieses Rahmens sollen durchaus grundlegende Einsichten in das Funktionieren der Sprache und ihre Bedeutung für das Denken und die Wahrnehmung der Welt sowie für das menschliche Zusammenleben vermittelt werden.
Diese Stundenblätter setzen beim Lehrer keine besonderen fachwissenschaftlichen Kenntnisse voraus. Sie sind so konzipiert, daß sie ohne längere Einarbeitung benutzbar sind. Wichtige Ergebnisse der Fachwissenschaft sind in ihnen auf einfache und verständliche Weise aufgearbeitet und dargestellt. Auf terminologischen Ballast, dessen Anhäufung gerade in der Linguistik in ungewöhnlichem Maße zu beobachten ist, wurde verzichtet. Theorien werden nicht besser, wenn sie kompliziert klingen und terminologisch angereichert sind. Alles, was über unsere Sprache zu sagen ist, kann mit eben dieser Sprache gesagt werden. Allein auf diese Weise besteht Aussicht, daß Erkenntnisse der Linguistik und der Sprachphilosophie Eingang in die Schule finden.

2. Das methodisch-didaktische Konzept dieser Stundenblätter

Sprache ist etwas, was in unsere unmittelbare Lebenspraxis eingebettet ist. Jeder Mensch kann sprechen, und wir alle haben Regeln gelernt, nach denen wir die

Ausdrücke unserer Sprache verwenden. Das Beherrschen dieser Regeln und unsere Einsichten in das Funktionieren der Sprache laufen aber unbewußt ab, denn sonst wäre jeder Mensch von vornherein Sprachwissenschaftler. Die Vermittlung von Kenntnissen über die Sprache kann aber an diesem Punkt ansetzen, d. h., es muß nur das ans Licht gebracht werden, was wir unbewußt beherrschen. Aus dieser Einsicht ergibt sich der methodische Ansatz dieser Stundenblätter. Im wesentlichen werden nicht theoretische Erkenntnisse vorgestellt und erklärt. Die zu erreichenden Einsichten sollen dadurch gewonnen werden, daß die Schüler über ihren eigenen Sprachgebrauch, über die Regeln, die auch sie selbst gelernt haben und die sie beherrschen, nachdenken. Hierfür stehen zwei methodische Vorgehensweisen, die ständig miteinander kombiniert werden, zur Verfügung:

- durch geeignete Texte werden verbreitete, aber problematische Ansichten vorgestellt. Die Schüler werden dann durch gezielte Arbeitshinweise zur Überprüfung dieser Ansichten angeregt, insbesondere auf dem Wege des Vergleichs mit ihrer eigenen Sprachpraxis. Der Vergleich von eigener Sprachpraxis mit vorhandener Theorie ermöglicht den Schülern, die Widersprüche solcher Theorien zu bemerken und zu beschreiben;
- durch gezielte Experimente und Rollenspiele, aber auch durch Nachdenken über ausgewählte sprachliche Beispiele, an denen induktiv Regeln gefunden werden sollen, können die Schüler erkennen, wie wir unsere Sprache tatsächlich verwenden, und die Regeln bestimmen, denen wir beim Sprechen mehr oder weniger unbewußt folgen.

Hauptziel dieses methodischen Ansatzes ist, daß die Schüler eigenständig zu bestimmten Einsichten gelangen und sich dessen bewußt werden, was sie immer schon unbewußt beherrschen. Diese Vorgehensweise impliziert keine irgendwie geartete Theoriefeindlichkeit. Wir gehen davon aus, daß die bloße Bearbeitung abgehobener Theorien, die mit unserer Lebenspraxis nicht mehr viel zu tun haben, Lehrer wie Schüler abschreckt. Daneben ist in der Linguistik zu beobachten, daß es fast zu jeder Theorie eine Gegentheorie gibt, und viele Unterrichtswerke huldigen dieser Theorienvielfalt, die als Theorienpluralismus ausgelegt wird, stellen demzufolge Theorie neben Theorie und lassen Lehrer und Schüler damit allein. Bei solchen Unterrichtswerken kann man den Eindruck gewinnen, daß die Herausgeber lediglich ihre eigene Ratlosigkeit an Lehrer und Schüler weitergeben.

Eine Theorienvielfalt ist nicht Ausgangspunkt dieser Stundenblätter. Gerade unser Ansatz, von der Sprachpraxis des einzelnen auszugehen, ermöglicht Lehrern wie Schülern die Entscheidung, ob die daraus gewonnenen Einsichten überzeugend sind. Für diese Entscheidung muß man sich nicht durch den terminologischen Wulst verschiedener Theorien quälen und diese Theorien nach irgendwelchen Kriterien vergleichen und auf ihre Richtigkeit überprüfen.

Der in diesen Stundenblättern verwendete theoretische Ansatz setzt natürlich Grundlagen voraus, und diese Grundlagen sind für uns die Ergebnisse der sogenannten *Philosophie der normalen Sprache (ordinary language philosophy),* insbesondere die Arbeiten des späten Wittgenstein, die einen Großteil der bis heute über die Sprache bestehenden Mißverständnisse aufzuklären halfen und zu einem neuartigen Verständnis der Sprache geführt haben. Ein Wesenszug dieser Wittgensteinschen Konzeption ist vor allem die Kritik von

Sprachtheorien, in denen wir unser eigenes Sprechen nicht mehr wiedererkennen können.

3. Einsatz und Verwendung der Stundenblätter „Reflexion über Sprache"

- Das Heft setzt sich aus zwei voneinander relativ unabhängigen Teilen von neun bzw. zehn Unterrichtsstunden zusammen. Diese beiden Bausteine können deshalb auch einzeln oder in umgekehrter Reihenfolge verwendet werden. Beide Teile werden jeweils ergänzt durch einen Anwendungs- bzw. Übungsteil, bei dem auf Stundenbeschreibungen verzichtet und dafür ein Erwartungshorizont mitgegeben wurde.

  Es hat sich gezeigt, daß der erste Teil *Der Gebrauch der Wörter* von den Schülern ein größeres Abstraktionsvermögen erfordert als der zweite Teil *Der Gebrauch der Sätze: Sprechakte.* Von einem Einsatz des ersten Teils bereits vor der zwölften Jahrgangsstufe möchten wir deshalb abraten. Dagegen läßt sich der zweite Teil nach unseren Erfahrungen auch schon in der elften Klassenstufe einsetzen.
- Das Heft soll für den Lehrer ohne längere theoretische Einarbeitung benutzbar sein. Aus diesem Grund sind die fachwissenschaftlichen Voraussetzungen in die Beschreibung der Einzelstunden integriert. Jeder Baustein enthält zudem eine Einleitung, in der das Thema wissenschaftlich eingeordnet wird.

  Auf diese Weise ist der Lehrer nicht gezwungen, sich zuerst theoretische Grundlagen zu erarbeiten, deren Anwendung und didaktische Umsetzung ihm erst weiter hinten bei der Beschreibung der Einzelstunden deutlich werden. Stundenbeschreibung und Darstellung wissenschaftlicher Grundlagen sind auch so konzipiert, daß sie wechselseitig auseinander hervorgehen. Im Vordergrund steht die Konzeption der Einzelstunden, aus denen allein von den Schülern entscheidende Einsichten zu gewinnen sind. Die Darstellung wissenschaftlicher Grundlagen vertieft diese Konzeption, ohne dabei den Lehrer mit für den Unterricht unwichtigen Informationen zu belasten. Andererseits wird bereits aus den wissenschaftlichen Erläuterungen deutlich, welche Themen für den Unterricht relevant sind.
- Die in den Stundenbeschreibungen genannten und verwendeten Texte und Arbeitsblätter werden in einem gesonderten Materialienheft angeboten. Damit tragen wir den Wünschen zahlreicher Benutzer der Stundenblätter Rechnung. Das Materialienheft ist für die Hand des Schülers gedacht und in Klassensätzen beziehbar. In ihm sind alle Arbeitsblätter und Materialien in der Reihenfolge der Unterrichtsstunden und -phasen geordnet, numeriert und mit Arbeitshinweisen versehen, so daß sie sich auch zur selbständigen Bearbeitung durch den Schüler, etwa im Rahmen von Hausaufgaben, verwenden lassen.

  Darüber hinaus enthalten beide Teile des Lehrerbandes eine Reihe von Übungsmaterialien mit Arbeitshinweisen und Erwartungshorizonten, allerdings ohne Stundenbeschreibungen. Auf die Anwendung dieser Übungen sollte keinesfalls verzichtet werden. Damit die vorgeschlagenen Übungen auch als Klausurvorlagen benutzt werden können, sind sie aus dem Materialienheft herausgenommen und nur im Lehrerband abgedruckt.
- Ergebnissicherung und Tafelanschriebe

werden in diesen Stundenblättern nicht in Form graphischer bzw. formaler Darstellungen angeboten, sondern nur in umgangssprachlicher Formulierung. Häufig sind bei Tafelanschrieben zur Sicherung von Unterrichtsergebnissen Kästchen, Kreise und Pfeilsymbole zu beobachten. Die Verwendung solcher formalen Darstellungen wird meist durch eine erhöhte Übersichtlichkeit der Darstellung begründet. Es ist nicht zu bestreiten, daß Formalisierungen dem Schüler Inhalte näher bringen und tiefere Einblicke vermitteln können. Diese Formalisierungen werden jedoch nichtssagend, ja irreführend, wenn ihre Verwendung inflationäre Ausmaße annimmt. Nicht jede Beschreibung läßt sich formalisieren, es sei denn, man nimmt gerade die Komplexität in Kauf, die man vermeiden will. Formalisierungssymbole müssen zudem, wenn der Anspruch an Übersichtlichkeit aufrechterhalten werden soll, eindeutig definiert sein. Sie dürfen darüber hinaus nicht mit wechselnder Bedeutung gebraucht werden. Gerade dies ist aber des öfteren der Fall.
Für die Zwecke dieses Heftes wurde auf Formalisierungen verzichtet. Alles, was sich formal darstellen läßt, kann in unserem Zusammenhang besser mit den Mitteln der Umgangssprache ausgedrückt werden.

- Zur Vertiefung und Weiterführung ist am Ende des Heftes eine kommentierte Auswahlbibliographie beigefügt.

4. Hinweise zu einem Maximal- und Minimalprogramm

Will man das ganze Heft samt Zusatzübungen und Klausurvorschlägen verwenden, so sind neben den 19 Unterrichtsstunden, die in den Stundenblättern ausgearbeitet sind, noch insgesamt ca. 6 Stunden für die vertiefenden Anwendungsübungen vorzusehen. Gerade bei diesen Anwendungsübungen sollte man keinesfalls kürzen, denn erst durch diese bekommen die theoretischen Stunden ihren Sinn. Wer ein kürzeres Programm machen will, hat ja die Möglichkeit, nur einen der beiden Bausteine zu behandeln. Innerhalb der beiden Teile sollte nicht gekürzt werden. Wer es dennoch tun muß, kann beim zweiten Teil *Der Gebrauch der Sätze: Sprechakte* am ehesten auf die Stunden 3–5 (Wie man Sprechakte macht und versteht) verzichten. Kürzungen im ersten Teil *Der Gebrauch der Wörter* können nicht empfohlen werden.

Teil 1: Der Gebrauch der Wörter

Einleitung

Wir haben gelernt, in den verschiedensten Situationen sprachlich zu handeln; wir fragen beispielsweise, geben Antworten, erzählen Witze, behaupten oder begründen. Dabei äußern wir im allgemeinen Sätze, deren Sinn nach bestimmten Regeln aus der Bedeutung der einzelnen darin vorkommenden Wörter zusammengesetzt ist. Die geäußerten Sätze sind von uns selbst und anderen nur zu verstehen, wenn auch die einzelnen Wörter verstanden werden. Die Bedeutung der einzelnen Wörter ist nun in gewisser Weise konstant, unabhängig davon, ob sie in Sätzen vorkommen, die zum Fragen, Befehlen, Warnen oder Vorwerfen verwendet werden. Ein Wort wie *rot* bedeutet dasselbe in einem behaupteten Satz wie *Diese Blume ist rot,* wie bei einem Befehl mit *Bring diese rote Platte!* oder einer Frage wie mit *Ist dieser Einband rot?*

Zwei grundlegende Fragen treten somit in den Vordergrund: Wie ist es zu erklären, daß Wörter, also lautliche Ausdrücke bzw. Lautketten, eine bestimmte Bedeutung haben können? Was ist das überhaupt: Bedeutung?

Für die Erklärung der Bedeutung sprachlicher Zeichen gibt es drei grundsätzliche Theorien, die wir Gegenstands-, Vorstellungs- und Gebrauchstheorie der Bedeutung nennen wollen. Im folgenden werden diese drei Theorien kurz charakterisiert, ihr historischer Standort wird bestimmt und das methodische Konzept erläutert, wie diese Theorien in den Aufbau dieses Bausteins eingehen. Ausführlich dargestellt werden diese Theorien in den Einleitungen zu den jeweiligen Stunden.

Die Gegenstandstheorie der Bedeutung geht davon aus, daß sprachliche Zeichen Bedeutung erhalten, indem sie bestimmten Gegenständen zugeordnet werden. Mit dem Wort *Einstein* beziehen wir uns auf Einstein. Ein Wort dient also dazu, daß wir uns damit auf etwas beziehen können, für das das Wort steht. Sagen wir beispielsweise *Haus,* dann erhält dieses Zeichen seine Bedeutung durch die Zuordnung zum Gegenstand Haus. Ich zeige auf ein Haus, spreche *Haus,* und auf diese Weise erhält *Haus* seinen Bedeutungsgehalt.

Die Gegenstandstheorie der Bedeutung ist der historisch älteste Ansatz, der die Bedeutung sprachlicher Zeichen zu erklären versucht. Ausgearbeitet und vertreten wurde sie zuerst in der antiken und mittelalterlichen Philosophie. Der Rekurs auf Gegenstände zur Bestimmung der Bedeutung sprachlicher Zeichen wird verständlich im Hinblick auf die denkerischen Grundpositionen dieser Philosophien. In der antiken und mittelalterlichen Philosophie wurde bis auf wenige Ausnahmen angenommen, daß es so etwas wie eine selbständig und unabhängig vom menschlichen Bewußtsein existierende Welt gebe, die aus Gegenständen, Eigenschaften und Sachverhalten besteht. Unser Denken über diese Welt orientiert sich an dieser Vorgegebenheit und liefert gleichsam nur Abbilder dieser Außenwelt. Sprache ist dabei nichts anderes als ein Medium, um die die Welt abbildenden Gedanken auszudrücken. Folglich ist die Sichtweise naheliegend, die Bedeutung sprachlicher Ausdrücke an vorgegebenen Gegenständen auszurichten.

Der berühmte Satz von Descartes *Cogito ergo sum – Ich denke, also existiere ich* markiert die Wende zur neuzeitlichen Philosophie. Die Objektivität der Welt und unserer Wahrnehmung dieser Welt ist fraglich geworden. Die Welt ist allein über uns Subjekte zugänglich und gegeben. Alles Wissen gründet letztendlich in dieser Subjektivität.

Es ist nicht weiter verwunderlich, daß die Verschiebung allen Philosophierens vom Objekt auf das menschliche Subjekt Veränderungen auch für die Theorie der Bedeutung mit sich bringt. Wörter stehen jetzt nicht mehr für unproblematisch gegebene Gegenstände der Welt, sondern für die Vorstellungen, die wir von den Gegenständen, wie sie in unserem Bewußtsein existieren, haben. Die Bedeutung eines Wortes ist also nicht mehr der Gegenstand, für welchen das Wort steht, sondern die Vorstellung, die wir von dem Gegenstand haben. Die Vorstellungstheorie, deren Quintessenz in diesen Behauptungen zum Ausdruck kommt, ist konzeptionell gar nicht so sehr von der Gegenstandstheorie, welche sie ablöst, verschieden. In beiden Theorien erhalten Zeichen ihre Bedeutung von etwas, das außerhalb der Sprache liegt, bei der Vorstellungstheorie sind es Vorstellungen, bei der Gegenstandstheorie der Bedeutung Gegenstände.

Philosophische Reflexionen über Sprache waren in der Antike und im Mittelalter nur beiläufig. Erst im 17. und 18. Jahrhundert beschäftigte man sich intensiver mit sprachlichen Phänomenen, und erst seit dieser Zeit gibt es im eigentlichen Sinn so etwas wie eine Sprachphilosophie. Im 20. Jahrhundert bildete sich dann eine philosophische Richtung heraus, die sprachanalytische Philosophie, für die, wie die Epochenbezeichnung bereits anzeigt, die Untersuchung der menschlichen Sprache Dreh- und Angelpunkt allen Philosophierens ist. Die Ursachen für den Rekurs auf die Sprache als Zielpunkt aller denkerischer Bemühungen können hier nicht im einzelnen dargelegt werden, gehen aber vor allem auf eine Grundlagenkrise der Philosophie zurück. In den 2000 Jahren abendländischer Philosophiegeschichte wurde eine Fülle an Theorien über die verschiedensten Gegenstände angehäuft; man hat diskutiert, hat sich gezankt, zu einem festen Bestand an gesichertem Wissen kam man jedoch nicht. Naheliegend war dann der Gedanke, daß vielleicht die ganzen großen Probleme der Philosophie nichts anderes sind als irregeführtes Denken, verursacht durch fehlgeleitetes und undiszipliniertes Sprechen. Aufhellung dieser Probleme, wenn auch nicht ihre Klärung, kann – so die Ansicht der analytischen Philosophie – nur eine genaue Untersuchung der Sprache bringen.

Im Kontext dieser intensiven Beschäftigung mit der Sprache ist von Wittgenstein die Gebrauchstheorie der Bedeutung entworfen worden. Die immanente Untersuchung sprachlicher Äußerungen führte bei Wittgenstein dazu, die Bedeutung sprachlicher Zeichen nicht durch etwas, was außerhalb der Sprache liegt (z. B. Gegenstände, Vorstellungen), zu erklären, sondern allein durch den Gebrauch dieser sprachlichen Zeichen. Diese Gebrauchstheorie bedeutete eine radikale Wende in der Auffassung der Sprache, welche nach all den früheren philosophischen Konstruktionen gar nicht so ohne weiteres und schnell nachvollziehbar ist. Allgemein gesagt werden nach dieser Auffassung die Ausdrücke der Sprache ähnlich den Figuren in einem Spiel nach bestimmten Regeln verwendet. Nur wenn wir die Regeln kennen, verstehen wir auch den Sinn der Spielzüge. Bezogen auf die Wörter der Sprache heißt das: Wir haben für die einzelnen Wörter Regeln gelernt, die es uns ermöglichen, diese Wörter zu gebrauchen. Und aufgrund dieser Regelkenntnis verstehen wir auch, was der andere macht, wenn er diese Wörter verwendet. Die Bedeutung liegt allein in der Handlung, die wir mit der Äußerung sprachlicher Ausdrücke machen, nicht in etwas außerhalb, etwa in Gegenständen oder Vorstellungen.

Mit der Gegenstands-, der Vorstellungs- und der Gebrauchstheorie der Bedeutung liegen drei miteinander konkurrierende Erklärungsansätze vor. Wissenschaft in einer pluralistischen demokratischen Gesellschaft begreift sich pluralistisch wie diese. Es ist aber ein falsch verstandener Pluralismus, wenn Ziel aller Wissenschaft ist, verschiedene Theorien über denselben Gegenstand anzuhäufen und unbeschadet nebeneinander stehen zu lassen. Jeder praktizierende Arzt, der sich auf Wissenschaft stützt, würde seine Tätigkeit ad absurdum führen, wenn er als Ursache für den Schnupfen Viren, böse Geister oder die falsche Mischung der Säfte anführen und den Patienten mit diesen Erklärungen allein lassen würde. Jeder ernsthaft arbeitende Wissenschaftler muß seine Tätigkeit darauf ausrichten, *eine* Theorie zur Erklärung eines Sachverhalts zu finden und andere unzureichende Theorien zu eliminieren. Wir gehen davon aus, daß in bezug auf die Erklärung der Bedeutung sprachlicher Zeichen die Gebrauchstheorie diese Theorie ist. Die Gegenstands- und die Vorstellungstheorie weisen Mängel in ihren Begründungen und Argumenten auf und können nicht ausreichend und umfassend genug erklären, worauf der Bedeutungsgehalt sprachlicher Zeichen zurückzuführen ist. Allein die Gebrauchstheorie vermag dies zu leisten.

Diese Einsicht und dieses Resultat wissenschaftlicher Reflexion wollen wir in den Unterricht einbringen. Die Gegenstands- und die Vorstellungstheorie werden vorgestellt und kritisiert. Es wird dann gezeigt, daß die Mängel, die in diesen beiden Theorien zu finden sind, bei der Gebrauchstheorie verschwinden. Die Reihenfolge, in der die einzelnen Theorien im Unterricht behandelt werden, ist allerdings eine andere als die historische Entstehung dieser Theorien. Am Anfang steht die Gegenstandstheorie der Bedeutung; sie ist konzeptionell die einfachste aller Theorien, leicht zu verstehen und leicht zu kritisieren. Es folgt dann nicht die Vorstellungstheorie, sondern die Gebrauchstheorie. Der Grund hierfür ist, daß die Mängel der Vorstellungstheorie für den Schüler leichter einsehbar sind, wenn er Wissen über eine Theorie besitzt, die diese Mängel nicht hat.

Bevor die Vorstellungstheorie im Anschluß an die Gebrauchstheorie behandelt wird, ist noch ein wesentlicher aus der Gebrauchstheorie abgeleiteter Aspekt der Sprache Unterrichtsgegenstand: Die Rolle der Sprache bei der gedanklichen Erschließung der Welt. Dies führt einerseits zur Vertiefung des Wissens über die Gebrauchstheorie, dient aber auch als Vorbereitung zur Kritik an der Vorstellungstheorie.

1./2. Stunde: Die Gegenstandstheorie der Bedeutung

Mit der Gegenstandstheorie der Bedeutung beginnen – wie einleitend dargestellt – die denkerischen Bemühungen um das Problem, wie sprachliche Zeichen Bedeutung besitzen können. Sie geht davon aus,

daß sprachliche Ausdrücke ihre Bedeutung dadurch erhalten, daß ihnen infolge gesellschaftlicher Übereinkunft Gegenstände zugeordnet sind.
In ihren Annahmen stützt sich die Gegenstandstheorie der Bedeutung auf die Beobachtung, daß wir in unseren natürlichen Sprachen mit Zeichen über Dinge reden, etwa mit *Hans* über Hans oder mit *Haus* über ein bestimmtes Haus. So wird angenommen, daß der Gegenstand für *häßlich* die Eigenschaft der Häßlichkeit sei, der Gegenstand von *gehen* die Handlung des Gehens, derjenige für *fallen* der Vorgang des Fallens, der Gegenstand für eine wahre Behauptung der behauptete Sachverhalt, der Gegenstand für eine Lüge der gedachte Sachverhalt, der Gegenstand eines Befehls die gedachte oder gewünschte Handlung usw.
Diese Sichtweise erscheint in vielen Punkten jedoch problematisch. So muß allein zur Stützung der Bedeutungstheorie eine ganze Welt konstruiert werden, wonach das Universum aus einer Vielzahl von Gegenständen bestehe, nämlich aus konkreten Dingen, Eigenschaften, Vorgängen, Handlungen, Sachverhalten, Zuständen, Zahlen und vielen anderen mehr, also aus Entitäten, deren ontologischer Status zumindest höchst umstritten ist. Je nach Philosophie existieren solche Entitäten, oder sie existieren nicht. Existiert die Eigenschaft *grün* in gleicher Weise wie der Gegenstand *Baum?* Existiert die Farbe *rot,* oder gibt es nur rote Dinge?
Hinzu kommt, daß wir über die Mehrzahl dieser Gegenstände nichts sagen können außer mit den Wörtern, deren Bedeutung der Verweis auf die Gegenstände ja erklären soll. Dies ist eine Tautologie, und dieses tautologische Grundmuster wird deutlich, wenn wir einen Satz wie *Die EG-Kommission schlägt Agrarpreiserhöhungen vor* betrachten. Die Bedeutung dieses Satzes ist der Sachverhalt, daß die EG-Kommission Agrarpreiserhöhungen vorschlägt. Damit kann diese Theorie aber nicht beschreiben, wie wir sprachliche Ausdrücke verstehen, denn die zu erklärenden Ausdrücke kommen in der Erklärung wieder vor. Sie setzt statt dessen eine gegebene Welt voraus, die aus einer Vielzahl von Gegenständen unproblematisch gegebener Klassen besteht. Danach verstehen wir die Welt auch schon ohne Sprache, und es geht für uns nur noch darum, zum Zwecke der Kommunikation über eben diese unsere Welt die nötigen Bezeichnungen zu erlernen.
Eine einzelne Leistung der Sprache ist zweifelsohne die ordnende und klassifizierende Bezugnahme auf die Welt. Der Hauptfehler der Gegenstandstheorie der Bedeutung besteht nun darin, daß diese Bezugnahme unproblematisch und naiv als einzige Funktion der Sprache angesehen wird.
Diese grundsätzlichen Einwände stehen in diesen beiden Stunden im Hintergrund. Im Unterricht können in zwei Stunden nicht Themenkomplexe abgehandelt werden, an denen philosophisches Denken seit Jahrhunderten arbeitet. Die immanente Problematik der Gegenstandstheorie der Bedeutung kann auch auf andere Weise verdeutlicht werden; sie zeigt sich schon bei gänzlich unvoreingenommener, möglichst voraussetzungsfreier, jedoch kritischer Betrachtung. Auf diese Weise sollen die Schüler lernen, die Gegenstandstheorie der Bedeutung zu kritisieren.

Unterrichtsverlauf

Im Zentrum der beiden Stunden steht die systematische Auseinandersetzung mit einer sehr einfachen Theorie der Sprache, nämlich der Gegenstandstheorie der Bedeutung. Die Grundannahmen dieser Bedeutungslehre werden anhand einer berühmten Textstelle (M 1)* aus den *Confessiones* von Augustinus erarbeitet. Dies geschieht mit Hilfe der diesem Textauszug beigefügten Fragen. Die Annahme, daß die Bedeutung eines Ausdrucks der Gegenstand sei, für den der Ausdruck steht, führt in unauflösbare Schwierigkeiten. Diese Erkenntnis gewinnen die Schüler schrittweise, indem sie diese Grundannahmen an ausgewählten Satzbeispielen (M 2) überprüfen. Diese Beispiele sind nacheinander in drei Satzgruppen zu behandeln.

Bei den Sätzen (1) und (2) sehen die Schüler, daß bei bestimmten Wörtern je nach Sprecher die Bedeutung wechseln müßte; die Sätze (3) bis (6) zeigen, daß vielen Wörtern keine Gegenstände entsprechen und diese Wörter somit bedeutungslos sein müßten; die Sätze (4) bis (6) lassen zudem erkennen, daß Bedeutungen keine Gegenstände sein können; den Sätzen (7) bis (10) ist zu entnehmen, daß wesentliche Aspekte der Bedeutung von Sätzen durch die Gegenstandstheorie nicht erfaßbar sind.

Phase 1:
Die Grundannahmen der Gegenstandstheorie der Bedeutung

Die Schüler arbeiten den Text von Augustinus (M 1) still nach den beigefügten Fragen durch. In einem anschließenden Gespräch werden die Antworten verglichen und in einer schriftlichen Zusammenfassung entsprechend der Reihenfolge der Fragen festgehalten. Auf diese Weise werden die Grundannahmen der Gegenstandstheorie der Bedeutung von den Schülern selbständig formuliert.

Fragen zu M 1:

1. Nach welcher Methode lehren die Älteren den Kindern die Sprache?
2. Wann hat ein Kind die Bedeutung eines Wortes verstanden?
3. Welche grundlegende Funktion haben nach dieser Auffassung die Wörter der Sprache?
4. Worin besteht folglich die Bedeutung eines Wortes?

Als Ergebnis könnte sich ein fortlaufender Text von etwa folgender Art ergeben: Die Bedeutung eines Wortes wird gelehrt durch hinweisende Definition. Die Bedeutung hat man gelernt, wenn man dem Wort den richtigen Gegenstand (die richtige Art von Gegenständen) zuordnen kann. Die wesentliche Funktion der Sprache ist die Bezugnahme auf die Gegenstände der Welt. Die Bedeutung eines Wortes ist der Gegenstand, für den das Wort steht.

Phase 2:
Überprüfung der Gegenstandstheorie der Bedeutung

An den Sätzen (1) bis (10) von M 2 wird die Gegenstandstheorie der Bedeutung nun überprüft. Die Probleme dieser Theorie werden sichtbar, wenn für die in jedem Satzbeispiel unterstrichenen Teile oder die ganzen Sätze die Bedeutung nach den Annahmen der Gegenstandstheorie der Bedeutung bestimmt wird, wenn also die Zuordnung der von den Ausdrücken angeblich bezeichneten Gegenstände versucht wird.

Das Problem der wechselnden Bedeutung

Anhand der Sätze (1) und (2) von M 2 werden im Unterrichtsgespräch die ersten

* Alle im Stundenblätterheft benutzten Materialien sind im Schülerarbeitsheft (Klettbuch 35960) enthalten.

Schwierigkeiten deutlich. Auf die Frage *Was ist die Bedeutung von (1)?* bzw. *Für welchen Gegenstand steht (1)?* nennt ein beliebiger Schüler den richtigen Gegenstand: sein Geburtsdatum. Dies tut anschließend ein zweiter, dritter, usw. Die Bedeutung von (1) wechselt, je nachdem, wer (1) sagt. Es müssen soviele verschiedene Bedeutungen angenommen werden, wie es verschiedene Geburtstage gibt. Ähnliches ist bei *ich* in (2) festzustellen. Wieder lesen einige Schüler nacheinander den Satz vor, wieder wechselt die Bedeutung von Fall zu Fall. Vergleichbare Schwierigkeiten treten auch bei anderen Personalpronomina in den anderen Sätzen auf.

Die Schüler werden wahrscheinlich zu Hilfskonstruktionen zur Rettung der Gegenstandstheorie der Bedeutung greifen, als vorläufiges Fazit sollten sie aber zumindest die Probleme formulieren, welchen die Theorie noch gerecht werden müßte. Es ergibt sich folgendes Zwischenergebnis:

1. Problem: Viele Ausdrücke wie *ich* oder *mein* haben keinen gleichbleibenden Gegenstand, für den sie stehen. Wenn ein Ausdruck so viele wechselnde Gegenstände und damit so viele wechselnde Bedeutungen haben kann, wie soll man dann die Bedeutung lernen?

Sollten die Schüler plausibel scheinende Rettungsversuche unternehmen, ist es nicht nötig, diese zu bestreiten. Die Gegenstandstheorie der Bedeutung enthält noch genügend andere Probleme.

Das Problem der fehlenden Bedeutung

Die Schüler versuchen selbständig, die Bedeutung der in den Sätzen (3) bis (6) unterstrichenen Teile zu bestimmen. Der Passage *kein Haus* in (3) entspricht kein Gegenstand in der Welt, da die angesprochene Person ja kein Haus besitzt. Das gleiche Problem, daß ein Gegenstand und somit auch die Bedeutung für einen Ausdruck fehlt, ergibt sich bei den drei anderen Sätzen: Die verbrannten Briefe sind ebensowenig vorhanden wie der verstorbene Peter oder das bereits getrunkene Bier. Auch hier müßten die jeweils unterstrichenen Ausdrücke bedeutungslos sein, und es wäre nicht zu erklären, wieso wir diese Sätze problemlos verstehen können. Diese Schwierigkeiten der Gegenstandstheorie der Bedeutung sollen die Schüler schriftlich formulieren. Ergebnis:

2. Problem: Für viele Ausdrücke lassen sich in vielen Situationen keine Gegenstände finden, für welche sie stehen könnten. In diesen Fällen hätten die Ausdrücke keine Bedeutung.

Ein naheliegender Einwand von Schülerseite könnte sein, daß zu den Gegenständen auch die gedachten Gegenstände hinzu gezählt werden müssen; als gedachter Gegenstand bleibt beispielsweise das getrunkene Bier weiterhin als Gegenstand bestehen. Die Schüler sind dann zu fragen, welches die Gegenstände sind, die *mit* in (2), *an* in (1) und den Sätzen (9) und (10) Bedeutung verleihen.

Bedeutungen können keine Gegenstände sein

Ein unauflösbares Problem wirft auch die Behauptung auf, wonach die Bedeutung eines Ausdrucks der Gegenstand sei, für welchen der Ausdruck stehe. Die Schüler überprüfen, was in den Sätzen (4) bis (6) mit den Gegenständen geschieht, für welche die unterstrichenen Ausdrücke stehen. Die Bedeutungen sind die Gegenstände, und infolge der Gleichsetzung von Bedeutung und Gegenstand ergibt sich:

3. Problem: Wenn die Bedeutung eines Ausdrucks der mit dem Ausdruck bezeichnete Gegenstand ist, dann könnte man Bedeutungen besitzen, verbrennen, trinken usw. Alles, was sich über Gegenstände sagen ließe, könnte auch über Bedeutungen gesagt werden.

Die Absicht einer Äußerung ist kein Gegenstand

Den Schülern wird die Frage gestellt, was der Gegenstand für den ganzen Satz (2) sei. Die Antwort wird wohl lauten: Die Tatsache, daß ich mit ihm ins Haus gehe. Die Schüler sind dann zu fragen, welches die Gegenstände der ganzen Sätze (7) und (8) seien. Die Antwort wird ähnlich ausfallen. Sie werden dann aufgefordert, die Sätze (2), (7) und (8) zu unterscheiden. Es ist nicht anzunehmen, daß sie Schwierigkeiten haben, Satz (2) als Behauptung, Satz (7) als Frage und Satz (8) als Befehl zu bestimmen. Im Anschluß daran sollen sich die Schüler mit dem Problem auseinandersetzen, welcher Gegenstand es ist, der den Bedeutungsunterschied zwischen Behauptung, Frage oder Befehl ausmacht. Sie werden dieses Problem nicht lösen können und haben es dann als solches zu formulieren.
4. Problem: Für ganze Sätze lassen sich nur schwer Gegenstände, also Bedeutungen finden. Die Bedeutung einer Satzäußerung, z. B. als Bitte, Befehl oder Aufforderung, ist nicht in Form von Gegenständen zu bestimmen.

Hausaufgabe

Die Schüler sollen die Kritik an der Gegenstandstheorie vertiefen und erweitern durch die Bearbeitung von einigen Passagen aus Wittgensteins *Philosophische Untersuchungen* (M 3, *Das Lehren und Lernen von Wörtern*). Die beigefügten Arbeitshinweise sollen die Wittgensteinsche Kritik verständlicher machen.

Stundenziele

Die Schüler sollen
- die Grundannahmen einer einfachen Sprachtheorie, der Gegenstandstheorie der Bedeutung, aus einem Text ableiten,
- diese Annahmen an alltagssprachlichen Beispielen überprüfen und die Schwierigkeiten der Theorie formulieren,
- den Hauptfehler der Gegenstandstheorie der Bedeutung mit Hilfe eines Textes von Wittgenstein erläutern.

3./4. Stunde: Die Gebrauchstheorie der Bedeutung (Der Gebrauch der Wörter)

Die Gegenstandstheorie der Bedeutung wirft mehr Probleme auf als sie löst. Theorien werden aber im allgemeinen nur dann akzeptiert, wenn sie eindeutige Lösungswege zum Verständnis von Sachverhalten aufzeigen. Leistet dies eine Theorie nicht, dann ist man geneigt, sie zu verwerfen – vor allem dann, wenn auf eine konkurrierende Theorie zurückgegriffen werden kann, die vorgibt, bisher ungelöste oder nur unbefriedigt gelöste Probleme lösen zu können. Mit der Gebrauchstheorie der Bedeutung liegt eine solche Theorie vor; sie hat alle die Schwierigkeiten nicht, die in der Gegenstandstheorie immanent enthalten sind. Deshalb sollen die Schüler nun den ersten Teil dieser Theorie kennenlernen.
Die Gebrauchstheorie der Bedeutung geht nicht von der fragwürdigen Prämisse der Existenz einer vorsprachlich gegebenen Welt aus, die aus Objekten besteht, denen unsere Wörter gleichsam wie Na-

menstäfelchen angeheftet werden. In dem Terminus *Gebrauch* ist kein Hinweis auf einen dem Wort entsprechenden Gegenstand enthalten. Die in der Gegenstandstheorie der Bedeutung implizit gestellte Frage *Was ist die Bedeutung?* wird zur Anweisung *Frage nicht nach der Bedeutung, frage nach dem Gebrauch* umformuliert. Anders ausgedrückt: Die Frage *Was bedeutet dieser Ausdruck?* wird ersetzt durch die Frage *Wie wird dieser Ausdruck gebraucht?* Der in der Gegenstandstheorie enthaltene Ansatz wird auf diese Weise radikal verschoben, und zugleich verschwindet die immanente Problematik dieser Theorie.

Die im Laufe dieser Unterrichtsreihe schrittweise zu vermittelnde Theorie der Bedeutung geht auf den späten Ludwig Wittgenstein zurück. Im Anschluß an ihn sind viele Versuche unternommen worden, das durch seine Umformulierung der Grundfrage der Gegenstandstheorie entworfene Programm zu konkretisieren. Am bekanntesten von diesen Ansätzen ist zweifellos die sogenannte Sprechakttheorie geworden, deren Ergebnisse ebenfalls zu den Themen dieser Reihe zählen.

Mit der Gebrauchstheorie ist eine völlig neue Sichtweise der Sprache entstanden, der sich vertraute Ansichten und Denkgewohnheiten anfänglich widersetzen. So sollte man dieser Ansicht folgend am besten gar nicht mehr von *Bedeutung* reden. Jedenfalls ist die Bedeutung nichts außerhalb der sprachlichen Äußerung, nicht etwas, was nach bestimmten Regeln der Äußerung als Bedeutung zuzuordnen wäre, so wie man Sätze eines fremdsprachlichen Textes Sätzen unserer Sprache zuordnet und sie damit übersetzt. Wenn wir reden, übersetzen wir unsere Muttersprache eben nicht in etwas anderes, z. B. Ideen. Wir verstehen die Äußerung unmittelbar als eine (sprachliche) Handlung, und wir haben eine sprachliche Handlung verstanden, wenn wir verstehen, was jemand mit seiner Äußerung macht. Im wesentlichen müssen wir beispielsweise bei der Äußerung des Satzes *Besiegt Anna ihren Mann?* verstehen, auf wen sich der Sprecher bezieht (Anna und ihren Mann), was er darüber prädiziert (besiegen), und wir müssen verstehen, daß die Situation so ist, daß der Sprecher nicht weiß, ob die Prädikation zutrifft und eben dies vom Gegenüber wissen möchte, was in gewissem Umfang aus der Form des Satzes und der Intonation ersichtlich wird.

Hilfreich ist in diesem Zusammenhang der Vergleich der Sprache mit dem übrigen Handeln, etwa mit Spielen. Nehmen wir als Beispiel das Schachspiel. Der Grundfrage der Gegenstandstheorie *Was bedeutet dieser Ausdruck?* entspricht hier die Frage *Was ist diese Schachfigur?* Beantworten läßt sich diese Frage aber nur im Hinblick auf den Gebrauch dieser Figur. Um zu verstehen, was eine Schachfigur ist, muß man die Rolle der betreffenden Figur im Spiel verstehen. Wir haben die Bedeutung eines Zugs im Schachspiel erfaßt, wenn wir wissen, was der Schachspieler mit der Figur macht. Und wir sollten dabei gar nicht mehr fragen *Was ist die Bedeutung dieser Handlung?* sondern *Was macht er?* Wenn wir das wissen, haben wir verstanden. Und beim sprachlichen Handeln gilt es eben zu verstehen, auf was der Sprecher sich bezieht, was er darüber prädiziert und in welcher Situation bzw. mit welcher Absicht er beides tut, ob als Frage, Behauptung, Bitte, etc. Bezogen auf die einzelnen Wörter unserer Sprache heißt das: Wir müssen die Regel kennen, nach der das Wort gebraucht wird, um zu verstehen, was mit der Äußerung des Wortes gemacht wird.

Unterrichtsverlauf

Nach der Besprechung von Wittgensteins Kritik an der Sprachtheorie des Augustinus stellt sich die Frage, wie ein Kind dann wohl die Bedeutung von Wörtern lernen kann. Um dies zu klären, wird in einer mehrstufigen Spielphase von einer fiktiven Situation ausgegangen, in welcher die Schüler selbst im Rollenspiel Wörter einer fremden Sprache lernen sollen; sie können sich dabei auf kein Übersetzungswörterbuch stützen und erhalten keine Hilfestellungen durch sprachliche Erklärungen. Die Schüler befinden sich auf diese Weise in einer ähnlichen Situation wie das Kleinkind, das eine Sprache lernt. Dabei muß sich vor allem zeigen, daß eine hinweisende Definition allein keine ausreichende Lehr- und Lernmethode von Wortbedeutungen ist; die Muttersprache wird anders als eine Fremdsprache erlernt. Ferner ist zu zeigen, daß die Welt nicht einfach gegeben ist, sondern erst durch die Sprache im Zusammenhang einer Lebenspraxis zu unserer Welt wird. Die aus dem Rollenspiel gewonnenen Einsichten werden anhand eines Textes von Wittgenstein vertieft und in zusammengefaßter Form festgehalten.

Vorphase:
Besprechung der Hausaufgabe (M 3)

Bei der Besprechung der Hausaufgabe ist auf folgende Punkte besonderes Gewicht zu legen:

1. Jede hinweisende Definition ist für sich genommen mißverständlich (§ 28). Ein Kind wird durch eine einmalige Hinweisgeste normalerweise nicht lernen, ein Wort gebrauchen zu können.
2. Erklärungen, wie man die mehrdeutige Hinweisgeste meint, setzen bereits eine weitgehende Sprachkundigkeit voraus. Sie sind beim Erwerb der Muttersprache erst in späterem Alter möglich.
3. Wer nach Benennungen fragen kann, hat schon die zu benennenden Gegenstände unterschieden. Das geht aber wahrscheinlich nicht, ohne bereits eine Sprache gelernt zu haben.
4. Augustinus setzt das Kleinkind unzulässigerweise mit einem Fremden gleich, der in seiner Muttersprache die Unterscheidung der Dinge und das Denken gelernt hat und nur noch die Übersetzung benötigt. Das Kind braucht aber keine Übersetzung, denn was sollte es in die Muttersprache übersetzen, die es erst noch lernen soll?

Phase 1:
Vorstellen der Spielsituation

Den Schülern wird mit Hilfe von M 4 *(Das Lernen einer fremden Sprache)* die fiktive Ausgangssituation mitgeteilt: Seit langem wird vermutet, daß in einer bestimmten Gegend von Neu-Guinea ein Volksstamm in den Urwäldern lebt, der noch nie mit der Außenwelt in Berührung gekommen ist. Man vermutet, daß dort eine völlig andere Kultur herrsche und daß die Menschen dort ein ganz anderes Bild von der Welt haben.
Nun dringt ein europäisches Forscherteam (die Schüler) in den Busch vor und trifft auf eine Gruppe Einheimischer. Um die Kultur der Eingeborenen angemessen erforschen bzw. verstehen zu können, müssen die Europäer die Sprache des Stammes teilweise lernen. Dieses Lernen soll an drei Wörtern durchgespielt werden: *ixala, uxala* und *exali.* Die genauen Spielregeln und die Rollenverteilung entnehmen die Schüler der Spielbeschreibung auf M 4.

Phase 2:
Vorbereitung des Spiels

Drei für diese Zwecke geeignete Schüler werden bestimmt, die als Einheimische den Europäern die Bedeutung von *ixala, uxala* und *exali* vermitteln. Sie dürfen keine deutschen Erklärungen geben, da die Europäer die Eingeborenen ja nicht verstehen können. Ebenso sind von den Europäern sinnvollerweise keine Fragen möglich, da diese wiederum von den Einheimischen nicht verstanden werden. (Ähnlich ist auch das Verhältnis des Kleinkindes und des Erwachsenen: Das Kind kann noch nicht fragen, und die Erklärungen des Erwachsenen sind dem Kleinkind noch nicht verständlich.)
Außerhalb des Unterrichtsraumes legt der Lehrer mit dem ersten Schüler die Bedeutung von *ixala* fest. Es bietet sich eine Farbe an, die im Unterrichtsraum einige Male vorkommt, z. B. *blau.*

Phase 3:
Das Lehren und Lernen von Wortgebräuchen

1. Beispiel: *ixala*
Der „Eingeborene" spricht *ixala* aus und zeigt auf einen Gegenstand, z. B. auf einen blauen Pullover. Die „europäischen Forscher" schreiben sofort auf, welche Bedeutung *ixala* haben könnte, z. B. *Kleidungsstück, Pullover, Wolle, weich, blau,* etc. Danach zeigt der „Eingeborene" weitere Beispiele, z. B. eine blaue Hose. Die „Forscher" grenzen die möglichen Bedeutungen ein, z. B. *Hose, Stoff, Farbe,* etc. Um der Möglichkeit begegnen zu können, daß die „Forscher" den Gebrauch des fremdländischen Wortes nicht auffinden, darf der „Eingeborene" auch Beispiele für *Nicht-ixala* zeigen, wobei der Einfachheit halber das Wort *nono* zugelassen wird. Glaubt ein „Forscher", den Gebrauch von *ixala* erkannt zu haben, klatscht er in die Hände. Jetzt darf er *ixala* selbständig auf andere Beispiele anwenden. Der „Eingeborene" bejaht oder verneint. Werden mehrere Beispiele bejaht, so darf (wenigstens hier im Spiel) davon ausgegangen werden, daß der Gebrauch des Wortes erfaßt ist. Damit gelingt auch die Übersetzung in ein deutsches Wort, z. B. *blau.*
Bei diesem ersten Beispiel wurde von einem für die „Europäer" unrealistisch günstigen Fall ausgegangen, daß nämlich das zu lernende Wort ein deutsches Äquivalent hat. Das dürfte bei einer völlig anderen Kultur kaum die Regel sein. Die nächsten Beispiele haben deshalb im Deutschen keine so einfache Entsprechung.

2. Beispiel: *uxala*
Dem zweiten Schüler wird vor der Tür die Bedeutung von *uxala* mitgeteilt. Dieses Wort stellt insofern eine Schwierigkeit dar, als bei seinem Gebrauch zwei bei uns getrennte Einteilungen zusammengezogen sind: *uxala* soll nämlich nur auf Gegenstände zutreffen, die hart *und* glatt sind. Der „Eingeborene" geht wie im ersten Beispiel vor und versucht, den Wortgebrauch durch Hinweise auf geeignete Beispiele und Gegenbeispiele zu lehren.

3. Beispiel: *exali*
Dem dritten Schüler wird ebenfalls vor der Tür die Bedeutung von *exali* mitgeteilt. Angenommen wird hier, daß in der anderen Sprache nicht zwischen grün und blau unterschieden werde. *Exali* bedeutet deshalb etwa *hart und grün oder blau.* Wichtig ist deshalb, daß der „Eingeborene" sowohl auf grüne als auch auf blaue Beispiele hinweist.
Natürlich lassen sich auch Beispiele denken, die sich jeder Übersetzung widersetzen. Sie erscheinen aber im Unterrichtsraum nur schwer vorführbar. Es genügt, daß die Schüler sich der Einsicht

nähern, daß die Welt je nach Kulturkreis verschieden einteilbar ist und daß die Menschen einer anderen Kultur möglicherweise Dinge erkennen, die unserer Wahrnehmung entgehen und umgekehrt. Dazu dürften die obigen drei einfachen Beispiele genügen.

Phase 4:
Wie die Gebrauchsregeln gelernt werden

Im Anschluß an das Rollenspiel stellt sich nun die Frage, wie ein Kleinkind den Gebrauch eines Wortes erfaßt. Das Gespräch über diese Frage sollte deutlich werden lassen, daß das Kind mehrere Beispiele für die korrekte Verwendung des Wortes braucht (mindestens zwei). Das Kind hat ja nicht von vornherein die richtige Zuordnung zu bestimmten Gegenständen, wie Augustinus annahm, denn viele Gegenstände, z. B. Farben, sind nicht gleichsam natürlich unterschieden, sondern entstehen sozusagen erst durch den Spracherwerb als solche für das Kind. Erkennt das Kind das Gemeinsame der verschiedenen Lehrbeispiele, kann es das Wort auf beliebig viele weitere Gegenstände anwenden und beliebig viele Gegenstände gleicher Art von anderen unterscheiden. Es beherrscht dann die Regel des Gebrauchs, kennt also die Bedingungen, unter denen das Wort gesprochen werden kann. Diese Definition von *Regel des Gebrauchs* sollte besonders deutlich und wiederholt hervorgehoben werden.

Phase 5:
Wittgensteins Theorie vom Gebrauch einzelner Wörter

Zur Vertiefung bearbeiten die Schüler den Text M 5 (Wittgenstein, *Die Regeln des Gebrauchs*) anhand der beigefügten Arbeitshinweise schriftlich. Auf diese Weise wird das Ergebnis der beiden Stunden genauer formuliert und festgehalten.

Ergebnis:
Einem Kind kann ein Wort in der Regel nicht mit anderen Wörtern erklärt werden, weil es ja die anderen Wörter auch erst erklärt bekommen müßte. Dagegen kann einem Ausländer einfach ein entsprechendes Wort seiner Muttersprache zur Erklärung gegeben werden. Das Kind lernt durch Beispiele und Gegenbeispiele. Eine hinweisende Definition ist für sich genommen vieldeutig. Aus verschiedenen Anwendungsfällen kann das Kind dagegen das Gemeinsame der Anwendungen erkennen. Das zu lernende Wort bezeichnet das Gemeinsame der verschiedenen Beispiele. Das Kind beherrscht die Gebrauchsregel, wenn es das Wort auf weitere Beispiele richtig anwenden kann. Dies gelingt, wenn das Kind die Bedingungen kennt, unter denen das Wort wahrheitsgemäß zugesprochen werden kann. Wir unterscheiden die Dinge (z. B. Farben) auf eine bestimmte Weise, weil wir eine bestimmte Sprache gelernt haben.

Stundenziele

Die Schüler sollen
- die Methode des Lehrens und Lernens von Wörtern beschreiben,
- die Unterschiede zwischen dem Lernen der Muttersprache und dem Lernen einer Fremdsprache erklären,
- erkennen, daß verschiedene Kulturen die Welt mit der Sprache verschieden einteilen,
- verstehen, daß die Regel des Gebrauchs eines Wortes kennt, wer die Bedingungen kennt, unter denen das Wort zugesprochen wird.

5./6. Stunde: Sprache und Welt

In den vorausgegangenen Stunden wurde bereits angedeutet, daß der Erwerb einer Sprache einhergeht mit dem Erwerb einer bestimmten Einteilung der Welt. Die Welt stellen wir uns zwar als etwas irgendwie Objektives, nicht von unseren Vorstellungen über sie oder von unserem Willen Abhängiges vor, aber sie existiert für uns immer nur als „unsere" Welt, also in der Art und Weise, wie *wir* sie erfassen.
Dabei spielen die sogenannten Prädikatoren eine herausragende Rolle. Prädikatoren sind beispielsweise *Haus, rot, lieb* oder *fließen,* also Wörter verschiedener Art: Substantive, Adjektive, Verben. Gemeinsam ist ihnen, daß wir sie Gegenständen zu- oder absprechen können. Wir können von etwas sagen, es sei ein Haus, es sei nicht rot oder es fließe. Keine Prädikatoren sind dagegen Wörter wie *hoffentlich, aber* oder *Hallo.* Ihre Funktion besteht nicht darin, bestimmten Gegenständen zu- oder abgesprochen zu werden (sie werden auch nicht ganz so gelernt wie die Prädikatoren, auf welche sich unsere Beispiele in den vorausgegangenen Stunden beschränkten). Prädikatoren sollten also nicht mit dem syntaktischen Prädikat verwechselt werden. Sie kommen in allen Satzteilen vor.
Die entscheidende Leistung der Prädikatoren ist, daß wir mit ihnen die Welt in Dinge gleicher Art einteilen. So, wie wir einerseits im Spracherwerb an verschiedenen Beispielen gelernt haben, wann wir etwas beispielsweise *Haus* nennen (indem wir das Gemeinsame der verschiedenen roten, gelben, großen, kleinen oder runden Häuser, der Häuser mit und ohne Garten, usw. erkannt und das jeweils Wechselnde als irrelevant ausgeschieden haben), so teilen wir andererseits die Welt in Dinge gleicher Art ein, unterscheiden wir mit Hilfe der Prädikatoren in Häuser, Bäume, rote oder runde Dinge usw. Gleich ist dabei, was wir entsprechend unseren Prädikatoren als gleich gelten lassen. Und das ist nicht irgendwie festgelegt oder vorgegeben, sondern Sache einer Regel oder Konvention, die sich im Laufe unserer Geschichte herausgebildet hat.
Es ist somit eine wesentliche Leistung der Sprache, daß wir uns in der Welt zurechtfinden. Weil wir das Chaos einer unendlich komplexen Welt überschaubar machen, indem wir es reduzieren auf eine endliche Anzahl von Gegenstandsarten (Häuser, rote, runde oder harte Dinge, usw.), finden wir uns in der Welt zurecht, können wir überhaupt Dinge (wieder)erkennen und ordnen. Die Einteilungen der Welt sind aber nicht einfach in unser Belieben gestellt. Als Individuen übernehmen wir die Einteilungen von den vorausgehenden Generationen. Darüber hinaus sind wir als Menschen schon in gewisser Weise festgelegt, die Welt auf eine bestimmte Weise zu ordnen. An der Verschiedenheit der Einteilungen in verschiedenen Sprachen läßt sich jedoch ein mehr oder weniger großer Spielraum erkennen, wie wir die Dinge einteilen können. Das kann teilweise bis zur völligen Unübersetzbarkeit von Sprachen gehen.
Im Rahmen der Unterrichtsreihe *Der Gebrauch der Sprache* ist das Thema *Sprache – Denken – Wirklichkeit* zwar nicht zentral und vielleicht auch ein wenig unerwartet. Aber es dürfte verständlich geworden sein, warum an dieser Stelle unserer Beschäftigung mit dem Gebrauch unserer Wörter ein Ausblick auf eine solch wichtige Frage wie die nach dem Verhältnis von Sprache und Welt, bzw. darüber, wie wir die Welt sehen und wie die Welt tatsächlich ist, nicht fehlen sollte.
In unserem Spracherwerb haben wir für jedes Wort Bedingungen gelernt, unter

denen wir es wahrheitsgemäß zusprechen können. Wir wissen aber alle, daß über die Anwendbarkeit eines bestimmten Wortes häufig keine sichere Entscheidung möglich ist, z. B. darüber, ob etwas noch blau oder schon violett ist und dergleichen. Man könnte also annehmen, daß wir einerseits keine sehr genauen Regeln gelernt haben und daß andererseits auch unsere Ordnung der Welt nur höchst unpräzise und unzuverlässig ist.

Aber unsere Einteilung ist eine Einteilung für einen bestimmten Zweck, für den Alltag. Wünschen wir genauere Festlegungen, so können wir die Prädikationsregeln genauer festlegen, und das ist ein Vorgang, der in den Wissenschaften alltäglich ist.

Für unseren Alltag aber wären völlige Präzisierungen nicht nur nicht möglich, sondern auch ganz und gar unsinnig. Mit unseren Prädikatoren gliedern wir die Welt in Dinge gleicher Art. Wären die Bedingungen, unter denen wir einen Prädikator zusprechen, jedoch völlig exakt, ins letzte detailliert, gelänge uns genau dies nicht mehr. Welchen Gegenständen könnten wir dann einen nach solchen genauen Regeln gebrauchten Ausdruck wie *Baum* zusprechen, wo doch kein Baum dem anderen völlig gleicht? Wäre *Baum* völlig exakt gebraucht, könnte der Ausdruck höchstens auf einen Baum angewandt werden; wäre er auf mehr als einen anwendbar, dann wäre er nicht ganz exakt gebraucht. Hätten wir eine solche kaum vorstellbare, völlig genaue Sprache, ständen wir einem Universum ungeordneter Einzeldinge gegenüber, für die wir eine Unzahl von Eigennamen kennen müßten, ohne daß wir jedoch die notwendige Gliederung erreichten.

Damit ist klar, daß unsere Wörter immer mehr oder weniger „offene" Regeln haben müssen.

Unterrichtsverlauf

Anhand eines Textes von Kamlah und Lorenzen (M 6) sollen die Schüler erarbeiten, welche Rolle die Sprache bei unserer Erschließung und Gliederung der Welt spielt. Als Resultat ergibt sich, daß die Welt mit Hilfe der sogenannten Prädikatoren gegliedert wird. In einer Zusatzphase kann auf der Grundlage von M 7 verdeutlicht werden, welche Wörter Prädikatoren sind und welche nicht.

Im Anschluß daran sollen die Schüler selbst in einem kleinen Experiment feststellen, daß die Prädikatoren nicht nach ganz genauen Regeln gebraucht werden. In zwei weiteren Unterrichtsphasen wird dann geklärt, daß diese Ungenauigkeit sich zwar auf die Gliederung der Welt auswirkt, jedoch kein Nachteil, sondern eine Notwendigkeit ist.

Phase 1:
Wie finden wir uns in der Welt zurecht?

Zur Annäherung an die Thematik *Die sprachliche Erschließung der Welt* ist eine vorbereitende Gesprächsphase nützlich. Vom Lehrer sollte dabei lediglich der Problemhorizont eröffnet werden, ohne daß durch gezielte Hinweise schon Ergebnisse angestrebt werden müßten. Es sind Impulse folgender Art denkbar:

„Die Welt besteht aus unzähligen einzelnen Gegenständen, Handlungen, Ereignissen, etc. Wie können wir uns in dieser unüberschaubaren Vielfalt zurechtfinden, ohne völlig die Übersicht zu verlieren? Wie bringen wir Ordnung in dieses Gewirr?"

Die Antworten werden darauf hinauslaufen, daß wir Gruppen, Klassen oder Typen von Dingen erkennen und die Einzelgegenstände solchen Typen oder Klassen zuordnen. Daran schließt sich unmittelbar die nächste Frage an: „Wieso können wir

Dinge, Ereignisse, Sachverhalte als gleichartig erkennen?" Kommen die Schüler nach den vorausgegangenen Stunden nicht von selbst darauf, daß dies nicht nur an den Dingen selbst liegt, sondern auch und gerade an unseren sprachlichen Einteilungen, müßte gezielt danach gefragt werden: „Trägt die Sprache etwas zur Ordnung der Welt bei?"

Phase 2:
Die sprachliche Erschließung der Welt

In M 6 sind die wesentlichen Bemerkungen über die Leistung der Sprache bei der Gliederung der Welt zusammengefaßt. Diesen Text von Kamlah und Lorenzen bearbeiten die Schüler nach den beigefügten Fragen. Eine schriftliche Beantwortung ist wünschenswert.
Fragen zu M 6:

1. Wie kann uns die Sprache helfen, daß wir uns in der Welt zurechtfinden?
2. Inwiefern ist die Sprache konventionell?
3. An welchen „Weltausschnitten" zeigt sich diese Konventionalität besonders deutlich?
4. In welcher Weise werden die sprachlichen Konventionen (Regeln) gelehrt und gelernt?

In dem Textausschnitt von Kamlah und Lorenzen wird einerseits die sprachliche Gliederung der Welt betont, andererseits die Konventionalität unserer sprachlichen Einteilungen, die so oder auch anders sein könnten. Entsprechend den Ausführungen von M 6 ergeben sich die folgenden Antworten auf die vier Fragen:

1. Mit den Prädikatoren teilen wir die Welt in Dinge gleicher Art ein. Gleich ist, was wir mit demselben Prädikator bezeichnen können, z. B. mit Haus, Auto usw.
2. Unsere Sprache ist konventionell, weil die sprachlichen Regeln von Menschen gemacht sind und auch anders sein könnten. Würden wir unsere Prädikatoren nach anderen Regeln gebrauchen, wäre auch die Einteilung der Welt eine andere. (Würden wir beispielsweise den Ausdruck *Fahrzeug* nur noch Gegenständen mit vier Rädern zusprechen – würde also die Gebrauchsregel für *Fahrzeug* geändert –, dann gäbe es wesentlich weniger Fahrzeuge und dafür mehr Dinge anderer Art.)
3. Diese Konventionalität der sprachlichen Regeln zeigt sich besonders im Bereich der Bezeichnungen für menschliche Verhaltensweisen, aber auch schon, wenn auch nicht so deutlich, im Bereich der konkreten Gegenstände.
4. Die sprachlichen Regeln werden meist nicht gesondert gelehrt, vielmehr muß das Kind sie aus der unmittelbaren Lebenspraxis erschließen.

Phase 3: (fakultativ)
Welche Wörter sind Prädikatoren, welche nicht?

Alle bisherigen Bemerkungen über den Gebrauch und die Leistung unserer Wörter bezogen sich auf die Prädikatoren, also auf Wörter, die Gegenständen mit Wahrheitsanspruch zu- oder abgesprochen werden können. Es sind aber nicht alle Wörter Prädikatoren, gibt es doch beispielsweise Wörter wie *und* oder *mit*, die keinen Gegenständen zu- oder abgesprochen werden können. In einer Zusatzphase kann nun geklärt werden, was solche Wörter zur Einteilung der Welt beitragen und wie ihr Gebrauch zu bestimmen ist.
Für diesen Zweck lesen die Schüler M 7 (Was ist ein Prädikator?) in stiller Einzelarbeit und bearbeiten die Sätze mit Hilfe der beigefügten Hinweise; diese Hinweise sind:

1. Welche Ausdrücke halten Sie zweifelsfrei für Prädikatoren?

2. Unterstreichen Sie die Ausdrücke, welche in keinem denkbaren Fall einem Gegenstand zu- oder abgesprochen werden können!

Für den ersten Arbeitshinweis ergibt sich das folgende Resultat: Prädikatoren sind die Verben und Hilfsverben in (3), (4), (5) und (6), die Pronomina in (4), (5) und (6), die Substantiva in (2) und (6) sowie die Prädikatsnomina in (5) und (6). Alle anderen Wörter der Sätze sind keine Prädikatoren. Es ergibt beispielsweise keinen Sinn, von etwas zu behaupten, es sei *hallo*. Auch Eigennamen (Otto und Franz) werden normalerweise nicht als Prädikatoren angesehen, denn sie können nur jeweils einem einzigen Gegenstand zugesprochen werden.
Im Anschluß an die Besprechung der Einzelarbeit wird im Unterrichtsgespräch am Beispiel von *zu* in Satz (6) der Gebrauch dieser Wörter, die keine Prädikatoren sind, geklärt. In diesem Unterrichtsgespräch sollte das folgende Resultat erreicht werden: Es ist undenkbar, daß von einem Gegenstand gesagt werden kann, er sei *zu*. Trotzdem macht es einen Unterschied, ob ich von einem Gegenstand sage, er sei *heiß* oder *zu heiß*. Anscheinend kann das Wort *zu* lediglich nicht allein prädiziert werden, aber durchaus mit bestimmten anderen Wörtern zusammen. Der Gebrauch von *zu* und anderen solchen Wörtern wird also gelernt, indem das Gemeinsame an solchen Zusammensetzungen wie *zu heiß, zu sauer, zu schnell* oder *zu groß* oder entsprechend das Gemeinsame von *mit Franz, mit Hilfe* usw. erfaßt wird.

Phase 4:
Regeln sind ungenau

Die Schüler überprüfen nun an den Wörtern ihrer eigenen Alltagssprache, wie genau die Regeln sind, die sie für den Gebrauch dieser Wörter im Laufe ihres bisherigen Lebens gelernt haben. Es werden vier Gruppen gebildet. Jede Gruppe untersucht anhand von M 8 *(Wie genau sind unsere Regeln?)* ein Wortpaar nach folgender gemeinsamer Aufgabenstellung:
„Bestimmen Sie die Regel für den Gebrauch folgender Ausdrücke: Unter welchen Bedingungen nennen wir etwas so? Formulieren Sie in jedem Fall Ihr Untersuchungsergebnis!"
Gruppe 1: *rot – orange*
Gruppe 2: *Hügel – Berg*
Gruppe 3: *Haus – Hütte*
Gruppe 4: *Spiel – Musik*
Die Gruppen werden keine überzeugenden Abgrenzungen finden. Stattdessen ergibt sich eine weitgehende Unmöglichkeit, die Regeln genau anzugeben. In einem Unterrichtsgespräch über die Untersuchungsergebnisse sollte auf folgende Aspekte deutlich abgehoben werden:
1. Der Gebrauch unserer Wörter ist mehr oder weniger unbestimmt. Oft ist in Grenzfällen keine sichere Entscheidung über die Anwendbarkeit eines Ausdrucks möglich (z. B., ist etwas noch ein Hügel oder schon ein Berg?).
2. Für manche Wörter wie *Spiel* und *Musik* läßt sich nicht einmal eine Gemeinsamkeit für alle Anwendungsfälle finden.

Phase 5:
Die Auswirkungen der ungenauen Regeln auf die Einteilung der Welt

Im Anschluß an die Resultate der vorausgehenden Unterrichtsphase sind im Unterrichtsgespräch die Auswirkungen der ungenauen Regeln auf unsere Einteilung der Welt unter der Leitfrage *Hat die Ungenauigkeit unserer sprachlichen Regeln Auswirkungen auf unsere Ordnung der Welt?* zu diskutieren. Die Antwort auf diese Frage ist leicht: Unsere Gliederung der Welt ist genauso unscharf wie unsere sprachlichen Regeln unscharf sind.

Phase 6:
Regeln müssen ungenau sein

Ungenauigkeit evoziert ein Gefühl von Unbehagen in einer Gesellschaft, die Wissenschaft in einem hohen Maße entwikkelt hat, und der Wunsch, die Regeln für den Gebrauch der Prädikatoren genau zu machen, erscheint nur allzu verständlich. Es ist anzunehmen, daß auch die Schüler mit dem Resultat der beiden vorausgegangenen Phasen unzufrieden sind. In einem kurzen Unterrichtsgespräch sollte der Lehrer mit ihnen die Frage *Wäre es nicht wünschenswert, die Regeln (z. B. für* Spiel, Musik *usw.) zu präzisieren?* diskutieren; eine Klärung dieser Frage ist hier noch nicht anzustreben.
Im Anschluß an dieses kurze Unterrichtsgespräch liest der Lehrer den Schülern die folgende Spielvorgabe vor:
„Die Regierung eines fernen Landes ist unzufrieden mit der Ungenauigkeit der Sprache, weil sie die adäquate Besteuerung der Häuser, Autos, Fahrräder usw. erschwert. Eine Kommission wird beauftragt, eine genauere Sprachregulierung einzuführen. Die neue Regel soll möglichst genau sein, wobei zweitrangig ist, ob die Kriterien sinnvoll sind. Die Hauptsache ist, daß sie überprüfbar sind. Die von der Kommission beschlossenen Regeln sollen durch Gesetz allgemein verbindlich werden."
Die Schüler bilden eine Unterkommission, die festzulegen hat, was in Zukunft unter *Haus* verstanden werden soll. Jedes Kommissionsmitglied darf ein Merkmal für *Haus* beisteuern. Der Lehrer sammelt an der Tafel die einzelnen Beiträge, und es könnte ein Anschrieb wie folgt entstehen:
„Wir nennen etwas *Haus* (etwas ist ein Haus) dann und nur dann, wenn es
– aus Steinen gebaut ist,
– bewohnbar ist,
– ein Schrägdach hat,
– zwei Haustüren hat,
– . . ."

Nach Beendigung des Tafelanschriebs stellt der Lehrer den Schülern die Frage: „Was würde sich in unserem Leben ändern, wenn alle Wörter so oder in ähnlicher Weise festgelegt wären?" (Sollten die Schüler keine Antwort wissen, sind folgende Hilfsfragen möglich:
1. Was würde das für das Lernen der Wörter bedeuten?
2. Wieviele Wörter gäbe es dann im Vergleich zur heutigen Situation?
3. Wenn *Haus* so gebraucht würde: Wieviele Häuser gäbe es dann?
4. Welche Auswirkungen hätte eine solche Regelung für unsere Orientierung in der Welt?)

In einer anschließenden Diskussion sollten die folgenden Aspekte angesprochen werden: Regeln für die Wörter unserer Sprache sind ohne Planung entstanden und oft unsystematisch und unscharf. Sie müssen jedoch etwas ungenau und unscharf sein, um ihren Zweck zu erfüllen, nämlich die Welt in Gleichartiges zu gliedern und dabei über die jeweiligen Unterschiede der gleichartigen Dinge hinwegsehen zu lassen. Je genauer die Regeln sind, um so weniger Dinge fallen unter einen Prädikator. Je genauer die Regeln sind, desto unübersichtlicher wird die Welt. Eine wichtige Leistung der Sprache ist die Reduzierung der unendlich komplexen Welt auf eine überschaubare Gliederung in Typen von Gegenständen.

Hausaufgabe

Die Schüler vertiefen die gewonnenen Einsichten, indem sie schriftlich die Fragen zum Text M 9 *Begriffe mit verschwommenen Rändern* von Wittgenstein beantworten.

Stundenziele

Die Schüler sollen
- die Leistung der Sprache bei der Gliederung der Welt (auf der Grundlage eines Textes) beschreiben,
- die Konventionalität der Sprache erklären und die Relativität der Weltsicht verstehen,
- Prädikatoren von anderen Wortarten unterscheiden (fakultativ),
- durch Überprüfung ihrer eigenen Regeln die Ungenauigkeit der Sprache erkennen,
- begründen, warum die Regeln für Prädikatoren ungenau sein müssen.

7.–10. Stunde: Die Vorstellungstheorie der Bedeutung

Den Gebrauch von Wörtern (Prädikatoren) haben wir im Spracherwerb gelernt, und wir können Prädikatoren richtig gebrauchen, wenn wir die Bedingungen kennen, unter denen wir sie in unserer Sprachgemeinschaft Gegenständen zusprechen. Die Bedeutung des Wortes *rot* etwa kennen wir, wenn wir wissen, wann wir den Regeln entsprechend einen Gegenstand rot nennen. Und in diesem Sinne ist *die Bedeutung eines Wortes kennen* gleichbedeutend mit *die Regel seines Gebrauchs kennen.*

Auf der Grundlage dieser Einsicht wird in den folgenden Stunden die sogenannte Vorstellungstheorie der Bedeutung behandelt. Die Grundannahmen dieser Theorie sind weitgehend Teil unseres unproblematischen Alltagswissens. Jeder, der beginnt, über den Bedeutungsgehalt sprachlicher Zeichen nachzudenken, findet auf den ersten Blick diese Grundannahmen plausibel. Auch im Unterricht ist die Erfahrung zu machen, daß die Schüler die Behauptungen dieser Theorie als völlig einleuchtend verteidigen. Diese Plausibilität ist jedoch nur vordergründig. Die Behauptungen der Vorstellungstheorie der Bedeutung können, wie wir sehen werden, nicht erklären, warum sprachliche Ausdrücke Bedeutungen haben.

Die Vorstellungstheorie der Bedeutung weist Ähnlichkeiten mit der Gegenstandstheorie auf. Wie diese geht sie von der Annahme aus, daß die Wörter für etwas stehen. Der Vorstellungstheorie zufolge stehen diese Wörter aber nicht für materielle, sondern für geistige Gegenstände. Die Vorstellungstheorie ist gleichsam die idealistische Variante der Gegenstandstheorie. Zwischen sprachlichem Ausdruck und Gegenstand gibt es nach den Prinzipien der Gegenstandstheorie eine direkte Verbindung. Bei der Vorstellungstheorie verschwindet diese, und zwischen Gegenstand und sprachlichen Ausdruck werden Ideen, Vorstellungen, Gedanken oder Begriffe gestellt. Die Quintessenz der Vorstellungstheorie läßt sich auf einen Grundgedanken bringen: Die sprachlichen Ausdrücke stehen für Ideen, Vorstellungen, Gedanken und Begriffe von den Dingen unserer Welt und erhalten durch diese Ideen, Vorstellungen, Gedanken und Begriffe ihre Bedeutung.

Daß die Vorstellungstheorie so schnell einleuchtet, hat im wesentlichen drei Gründe: Sie liegt erstens einem weit verbreiteten Kommunikationsmodell zugrunde, das den Ablauf einer Kommunikation zu beschreiben vorgibt. Dieses Modell sieht wie folgt aus: Ein Sprecher

(„Sender") will beispielsweise die Vorstellung eines Hauses mitteilen. Entsprechend der von ihm gelernten Regeln kodiert er diese Vorstellung, indem er ihr konventionsgemäß den Ausdruck *Haus* zuordnet und *Haus* äußert. Der Gesprächspartner („Empfänger") entkodiert dagegen das gehörte Wort entsprechend der Regeln und ordnet für sich selbst wiederum die Vorstellung eines Hauses zu. Die Verständigung hat geklappt, wenn im Hörer die gewünschte Vorstellung hervorgerufen wurde.

Zweitens trifft es in der Tat zu, daß wir uns häufig bei bestimmten Wörtern etwas vorstellen. Hören wir zum Beispiel einen Namen, so stellen wir uns das entsprechende Gesicht vor, hören wir das Wort *Wald,* so stellen wir uns häufig irgendeinen Wald vor. Wir werden allerdings sehen, daß Vorstellungen beim Kommunikationsprozeß nur beiläufig auftreten, für das Verstehen einer sprachlichen Äußerung jedoch keine Rolle spielen.

Drittens spricht für die Plausibilität der Vorstellungstheorie der Umstand, daß sie mit entscheidenden Problemen der Gegenstandstheorie keine Schwierigkeiten hat und damit dieser etwas grobschlächtigen Theorie überlegen ist. Nehmen wir als Beispiel einige in M 2 schon besprochene Sätze: In *Er hat kein Haus* ist ja der Gegenstand Haus nicht da, so daß dieser Satz der Gegenstandstheorie zufolge keine Bedeutung haben dürfte, weil dem Wort *Haus* hier kein Gegenstand zugeordnet werden kann. Die Vorstellung eines Hauses jedoch kann existieren, auch wenn materiell gar kein Haus da ist. Dementsprechend hat die Vorstellungstheorie auch keine Probleme mit den folgenden Sätzen:

Paula verbrannte seine Briefe.
Peter ist gestorben.
Das Bier, das ich gestern bei Ihnen getrunken habe, war mir zu herb.

Obwohl die Briefe verbrannt sind, Peter verstorben und das Bier getrunken ist, sind die entsprechenden Wörter nicht bedeutungslos, denn die Vorstellungen von den Dingen sind noch da. Folglich verstehen wir diese Sätze, weil wir den fraglichen Wörtern die entsprechenden Vorstellungen zuordnen können.

Obwohl die Vorstellungstheorie der Bedeutung auf den ersten Blick plausibel wirkt, kann sie nicht erklären, wie sprachliche Ausdrücke Bedeutungen erhalten. Was ist falsch an dieser Theorie? Zum einen liegt der entscheidende Fehler bereits in der irrigen Voraannahme, daß Wörter *etwas* bedeuten. Nimmt man an, ein Ausdruck bedeute etwas, dann ordnet man dem Ausdruck etwas anderes zu, was als Bedeutung gilt. Damit sind die Bedeutungen selbständige Dinge, die auch ohne die sprachlichen Ausdrücke existieren, entweder als Gegenstände der materiellen Welt oder als gedankliche Gebilde im Geiste der Menschen. Eine Sprache beherrschen hieße nach der Vorstellungstheorie demzufolge die Zuordnung der Wörter zu den Vorstellungen kennen. Wittgenstein hat mit der Konzeption der Gebrauchstheorie unermüdlich gegen diese Ansicht gekämpft, daß die Bedeutung etwas außerhalb der Ausdrücke sei. Um dieses Mißverständnis zu vermeiden, ist es besser, gar nicht mehr von *bedeuten* oder *Bedeutung* zu sprechen, weil dann nicht mehr entsprechend der Frage *Was bedeutet das Wort X?* sofort der Zwang entsteht, dem Wort etwas zuzuordnen; stattdessen wäre zu fragen, wie ein Wort gebraucht wird. Wörter werden nach bestimmten Regeln gebraucht, und wer die Regel kennt, weiß, was der andere mit dem Äußern bestimmter Wörter macht bzw. meint.

Zum anderen übersieht die Vorstellungstheorie, daß Vorstellungen beim Ablauf einer Kommunikation keine Rolle spielen und für das Verstehen nicht nötig sind. Einige Beispiele mögen dies verdeutlichen. Nehmen wir den Satz

(1) Kohls Haus ist einzigartig.

Welche Vorstellung haben wir beim Hören dieses Satzes? Handelt es sich um ein blaues, graues oder gelbes Haus? Haben wir die Vorstellung eines Hauses mit Schiefer- oder mit Ziegeldach? Hat das Haus unserer Vorstellung zufolge ein Flachdach oder ein Steildach? Ist es ein Hochhaus oder ein Allgäuer Bauernhaus? Jeder kann somit beim Hören dieses Satzes eine andere Vorstellung haben. Wir wüßten also nie, ob und inwieweit wir uns wirklich verstehen. Man könnte einwenden, daß es nicht darauf ankäme, wie das Haus im einzelnen aussieht, sondern daß wir nur die Vorstellung vom Wesen eines Hauses haben müßten, also davon, was allen möglichen Häusern gemeinsam ist. Das Wesen des Hauses ist aber eine Abstraktionsleistung, und wir können uns dieses Wesen nicht vorstellen, muß doch jede Vorstellung irgendwie konkret sein. Nehmen wir nun an, der Hörer des Satzes (1) habe noch nie Kohls Haus gesehen. Wie kann er dann eine Vorstellung von diesem Haus haben, wenn es doch einzigartig ist? Beim Hören dieses Satzes haben wir aber keine Verständigungsschwierigkeiten, auch wenn wir dieses Haus noch nie gesehen haben.

Beim Verstehen sprachlicher Ausdrücke spielen Vorstellungen keine Rolle. Wer schon einmal längere Zeit einem schnell sprechenden Redner zugehört hat, wird bestätigen, daß er sich als Zuhörer auf die Dauer gar nicht alles hätte schnell genug vorstellen können, wie es der Vorstellungstheorie zufolge nötig gewesen wäre. Mehr noch: die kursiv gesetzten Teile der folgenden Sätze zeigen, daß wir nicht nur nicht Vorstellungen beim Verstehensprozeß haben müssen, sondern auch zuweilen keine Vorstellungen haben können:

(2) *Man* träumt *machmal* von *runden Vierecken* oder *Vielecken mit tausend Seiten.*

(3) Er wagte *zu* widersprechen.

(4) *Es* schneit.

(5) *Opel* macht wieder Gewinn.

(6) *Die EG* ist bald pleite.

(7) *Ehrlichkeit* ist wichtig.

Wie soll man Vorstellungen von *man, manchmal, zu, es, rundes Viereck* oder *Vieleck mit tausend Seiten* haben? Wie kann man sich die Firma Opel vorstellen? Werkshallen, Büros, Montagebänder oder einzelne Autotypen dieser Marke? Wenn sich überhaupt jemand die Firma Opel als rechtliches Gebilde vorstellen könnte, dann vielleicht einige Leute aus der Firmenleitung. Wie ist es aber dann zu erklären, daß der normale Zeitungsleser den Satz (5) verstehen kann, obwohl er sicher keine entsprechenden Vorstellungen hat? Gleiches gilt für die EG. Was hat man sich darunter vorzustellen? Wenn wir Satz (7) hören, so haben wir sicherlich gelernt, wann wir ein Verhalten als ehrlich bezeichnen, aber wie sollen wir dem Ausdruck *Ehrlichkeit* eine Vorstellung zuordnen können?

Ferner läßt sich die Bedeutung einer Äußerung als Sprechakt, z. B. als Bitte oder Befehl, nicht im Rahmen der Vorstellungstheorie erklären. Welche Vorstellungen haben wir bei einer Bitte wie

(8) Komm bitte!

oder einem Befehl

(9) Komm!

Ich verstehe eine Äußerung als Bitte oder Befehl, auch ohne daß ich dabei besondere Vorstellungen haben müßte.

Die Vorstellungstheorie kann somit nicht zeigen, wie sprachliche Ausdrücke Bedeutungen erhalten. Vorstellungen lassen sich nur vermitteln durch die Verwendung von Wörtern, deren Bedeutung wiederum an Vorstellungen gebunden ist. Diese Vorstellungen können erneut nur durch die Verwendung von Wörtern vermittelt werden, und auf diese Weise entsteht ein *regressus ad infinitum,* der nie erlauben würde, daß ich meine Vorstellungen in einer Kommunikation mitteilen kann. Versuche ich, meine Vorstellungen zu vermitteln, dann gehe ich implizit davon aus, daß die Wörter, die ich dabei gebrauche, unmittelbar verstanden werden, ohne Rekurs auf irgendwelche Vorstellungen. Und wenn es die Wörter sind, deren Gebrauch wir erlernt haben und die ein Verstehen von Vorstellungen ermöglichen, dann ist *Bedeutung* etwas, was allein durch diese Wörter erklärt werden kann. Lernt ein Kind die Sprache, die Bedeutung einzelner Wörter, dann sucht es nach äußeren Kriterien, nach Regeln, wie Erwachsene ein Wort verwenden. Es kann die Bedeutung der Wörter nicht mit Hilfe der Vorstellungen von Erwachsenen lernen, da diese ja im Geiste des Menschen sind und das Kind nie erfahren würde, welche Vorstellung ein Erwachsener beim Sprechen eines Wortes hat.

Im Kontext dieser kritischen Bemerkungen zu den Grundannahmen der Vorstellungstheorie wird auch das oben angesprochene Kommunikationsmodell hinfällig. Die Vertreter dieses Modells wollen erklären, wieso wir uns verständigen können; sie behaupten, es gebe einen Kode, wonach wir Gedanken, Vorstellungen und dergleichen in sprachliche Ausdrücke verschlüsseln beziehungsweise sprachliche Ausdrücke umgekehrt in Gedanken dekodieren. Wenn wir – wie behauptet wird – alle einen solchen Kode gelernt haben, müßte es möglich sein, diesen Kode, also die Regeln unserer Sprache, anzugeben und zu beschreiben. Es müßte eine Art Übersetzungslexikon geschrieben werden können, in dem den in der einen Spalte verzeichneten Vorstellungen in der zweiten Spalte die entsprechenden Ausdrücke zugeordnet wären. Aber was sollte daran ein Kode sein? Ein Kode wäre es doch, wenn eine allgemeine Regel existierte, wonach die Elemente der einen Menge (Vorstellungen) den Elementen der anderen Menge (Wörter) zuzuordnen wären. Hier müßte aber für jedes Wort eine eigene Zuordnung angegeben werden. Was schreiben wir aber in die Spalte „Vorstellungen"? Die dort verzeichneten Vorstellungen sind ja nicht ohne Wörter greifbar, die bereits in der anderen Spalte verzeichnet sind.

Die Probleme der Vorstellungstheorie hören auf zu existieren, wenn man sich von der Annahme löst, daß *Bedeutung* etwas ist, was außerhalb der Sprache liege, daß das Denken außerhalb der Sprache vor sich gehe. Niemand würde auf den Gedanken kommen, daß wir kopfrechnen, z. B. multiplizieren, ohne die entsprechenden Zahlwörter zu benutzen. Aber beim übrigen Denken soll es ohne die Ausdrücke der Sprache gehen? Wir alle können beobachten, wie kleine Kinder lange Zeit nicht denken können, ohne laut zu sprechen. Erst nach und nach lernen sie, auch ohne äußeres Sprechen (sprachlich) zu denken. Sieht man nun das Denken als eine nach innen gewandte Form des Sprechens, wird die ganze Kodiererei des Denkens in die Sprache überflüssig, und die Probleme der Vorstellungstheorie entfallen. Und alle diese problematischen *Ideen, Vorstellungen, Begriffe* oder *Gedanken* sind nichts anderes als unsere prädikativen Einteilungsschemata, beruhend auf den Regeln für den Gebrauch unserer Prädikatoren.

7./8. Stunde: Die Vorstellungstheorie der Bedeutung

Unterrichtsverlauf

Thema der Stunde sind die Grundannahmen der Vorstellungstheorie der Bedeutung. Anhand eines Textes von John Locke (M 10) werden die wichtigsten Behauptungen dieser Theorie herausgearbeitet. Die Grundannahmen der Vorstellungstheorie gehen ein in ein weit verbreitetes Kommunikationsmodell. Mit Hilfe dieses Modells wird anschließend gezeigt, wie unsere Verständigung nach den Prinzipien der Vorstellungstheorie funktioniert. Den Abschluß der Stunde bildet eine Diskussion auf der Grundlage von M 10 und des Kommunikationsmodells, wodurch in der Kommunikation Mißverständnisse zustande kommen können.

Vorphase:
Besprechung der Hausaufgabe
M 9: (Wittgenstein, Begriffe mit verschwommenen Rändern)

Die Schüler sprechen über die Ergebnisse ihrer Hausarbeit. Das Wort *Spiel* ist für die Ungenauigkeit der Regeln ein typisches, wenn auch extremes Beispiel. Ähnlich wie bei anderen Prädikatoren lassen sich keine ganz genauen Bedingungen angeben, unter denen wir etwas ein Spiel nennen. Insofern ist *Spiel* ein typisches Beispiel. Bei den meisten Prädikatoren lassen sich jedoch für alle Anwendungsfälle geltende (ungenaue) Bedingungen angeben, unter denen wir die Prädikatoren zusprechen. Wir sagen zu jemandem *Junggeselle,* wenn er erwachsen, männlich und unverheiratet ist. Offen bleibt in gewissem Umfang dabei, wann jemand beispielsweise als erwachsen oder als männlich gelten kann.
Für das Zusprechen von *Spiel* lassen sich dagegen keine solchen durchgängigen Anwendungsbedingungen finden. Weder ein Merkmal wie *unterhaltend* oder *Konkurrenz* noch *Hört mit Gewinnen oder Verlieren auf* gilt für alle Anwendungen von *Spiel.* Insofern ist die Ungenauigkeit bei *Spiel* extrem. Aber die Unschärfe ist es, was wir für die Gliederung der Welt brauchen. Ganz genaue Regeln wären wohl kaum zu lernen; wir brauchten eine Unzahl zusätzlicher Wörter (hier müssen die Schüler auf die Ergebnisse der vorausgegangenen zwei Stunden zurückgreifen).

Phase 1:
Die Grundannahmen der Vorstellungstheorie

Der eigentliche Begründer und bekannteste Vertreter der Vorstellungstheorie ist John Locke. Den Text dieses englischen Philosophen (M 10) bearbeiten die Schüler in stiller Einzelarbeit anhand der beigefügten Fragen schriftlich. Diese Fragen sind:

1. Welche Funktion haben nach Locke die Wörter der Sprache?
2. Wann hat der Zuhörer den Sprechenden richtig verstanden?
3. Was ist die Bedeutung eines Wortes?
4. Wie ist die Beziehung zwischen Wort und Bedeutung zustande gekommen?

Vor der schriftlichen Bearbeitung ist den Schülern die Bedeutung der im Text vorkommenden Termini *Idee* und *komplexe Idee* zu erklären. *Idee* ist für Locke gleichbedeutend mit *Vorstellung.* Sollte ein Schüler Wissen über die Platonische und Kantische Philosophie besitzen und einwenden, daß *Idee* in der philosophischen Terminologie etwas ganz anderes bedeute (z. B. Urbild), dann genügt der Hinweis,

daß bei diesem Ausdruck ein Bedeutungswandel vorliegt und im 17. Jahrhundert in den Philosophien des Empirismus und Rationalismus *Idee* einheitlich im Sinne von *Vorstellung* gebraucht wird.
Unter *komplexe Idee* versteht Locke eine einheitliche Idee, die aus einfachen Ideen zusammengesetzt ist. Einfache Ideen, die nicht weiter zerlegt werden können, sind beispielsweise *hart, schwer* und *braun.* Aus diesen einfachen Ideen bildet der menschliche Verstand die komplexe Idee *Stein,* die aus diesen einfachen Ideen zusammengesetzt und *eine* Idee ist. *Komplexe Idee* bedeutet somit *zusammengesetzte Idee, die eine Einheit bildet.*
Unter der Überschrift *Die Vorstellungstheorie der Bedeutung* werden die schriftlichen Antworten auf die Fragen 1 bis 4 aneinandergefügt, so daß sich ein fortlaufender Text mit etwa folgendem Inhalt ergibt:
„Die Vorstellungstheorie der Bedeutung.
Die Funktion der Wörter ist es, die im Inneren der Menschen verborgenen Ideen (Vorstellungen, Gedanken) anderen mitzuteilen.
Ein Wort ist vom Zuhörer im Sinne des Sprechenden verstanden, wenn der Zuhörer dem Wort dieselbe Vorstellung zuordnet wie der Sprecher.
Wörter stehen für Ideen (Vorstellungen). Die Bedeutung eines Wortes ist die von dem Wort vertretene Vorstellung.
Die Verknüpfung (Zuordnung) von Wort und Vorstellung ist nicht naturgegeben, sondern durch die Menschen willkürlich festgelegt (konventionell)."

Phase 2:
Das Kommunikationsmodell der Vorstellungstheorie

Wie einleitend erwähnt gehen die Grundannahmen der Vorstellungstheorie ein in ein weitverbreitetes Kommunikationsmodell. Dieses Modell will zeigen, wie Verständigung im Kommunikationsprozeß funktioniert. Vorgegeben wird als Tafelbild der unten stehende Anfang.

Um zu diesem Resultat zu gelangen, sind zwei methodische Alternativen möglich:
- im Unterrichtsgespräch wird der Tafelanschrieb unter der Leitfrage *Wie funktioniert die Verständigung zwischen Sprecher und Hörer? Zeichnen Sie die einzelnen Teilvorgänge ein!* vervollständigt.
- Der Lehrer liest unter der gleichen Leitfrage den folgenden Text laut vor (oder teilt ihn den Schülern aus): Der Sprecher will dem Hörer eine Vorstel-

Vorgegeben wird als Tafelanschrieb folgender Anfang:

Als Resultat des Tafelanschriebs ergibt sich die folgende graphische Darstellung:

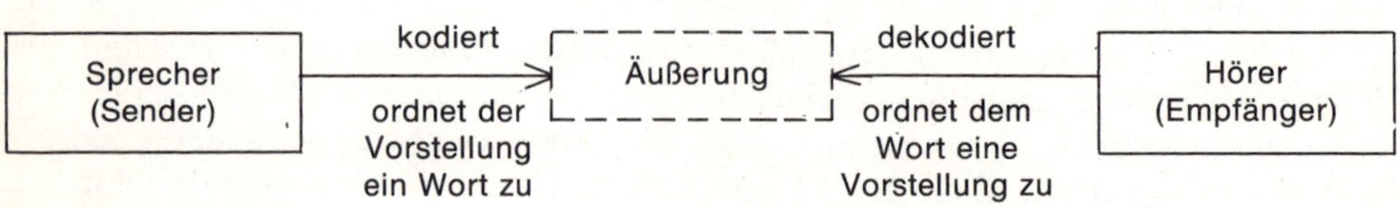

lung mitteilen; er faßt die Vorstellung in ein Wort und ordnet damit der Vorstellung ein Wort zu. Diesen Vorgang nennt man *Kodieren.* Der Sprecher äußert dann das Wort, das nach den Regeln der Sprachgemeinschaft für diese Vorstellung steht. Der Hörer ordnet nun ebenfalls diesem Wort eine Vorstellung zu. Diesen Vorgang nennt man *Dekodieren.* Gelingt dies, ist die Verständigung geglückt.
Mit Hilfe dieses Textes vervollständigen die Schüler in stiller Einzelarbeit (oder Gruppenarbeit) den Tafelanschrieb.

Nach der Erarbeitung dieses Kommunikationsmodells sollte den Schülern die Möglichkeit der Stellungnahme gegeben werden, ob Verständigung in der Tat auf diese Weise funktioniert. Der Lehrer sollte in dieser Phase nur sammeln, ohne die einzelnen Schülermeinungen kritisch zu würdigen.

Phase 3:
Probleme der Verständigung

Das obige Modell ist gut geeignet, Verständigungsprobleme bei der Kommunikation im Rahmen der Vorstellungstheorie anschaulich zu machen.
Ein völliges Unverständnis des Zuhörers tritt ein, wenn er dem gehörten Wort keine Vorstellung zuordnen kann, etwa, wenn er ein ihm völlig unbekanntes Fremdwort hört. Dagegen tritt ein völliges Mißverständnis ein, wenn der Zuhörer irrtümlich oder aufgrund einer abweichenden Regel dem gehörten Ausdruck eine andere Vorstellung zuordnet (dieser Fehler kann natürlich auch vom Sprecher gemacht werden). Ein teilweises Verständnis (oder Mißverständnis) tritt ein, wenn die Vorstellung des Sprechers und die Vorstellung des Zuhörers hinsichtlich der Äußerung nur teilweise übereinstimmen. Voraussetzung für das Gelingen der Verständigung sind folglich die gleichen Regeln für die Zuordnung von Wörtern und Vorstellungen.
Analog hierzu sind zum Abschluß der Stunde am Kommunikationsmodell folgende Fragen im Unterrichtsgespräch zu diskutieren:

1. Wann versteht der Zuhörer den Sprecher überhaupt nicht?
2. Wie kann es zu Mißverständnissen in der Kommunikation kommen?
3. Unter welchen Voraussetzungen gelingt die Verständigung völlig? Wann gelingt sie nur teilweise?

Stundenziele

Die Schüler sollen
- die Grundannahmen der Vorstellungstheorie anhand eines Textes formulieren,
- ein einfaches Kommunikationsmodell auf der Grundlage der Vorstellungstheorie entwickeln,
- Möglichkeiten von Verständigung, Mißverständnissen und Unverständnis im Rahmen dieses Kommunikationsmodells erklären.

9. Stunde: Die Probleme der Vorstellungstheorie (1)

Unterrichtsverlauf

Trotz ihrer Plausibilität ist die Vorstellungstheorie der Bedeutung zur Erklärung des Bedeutungsgehaltes sprachlicher Ausdrücke nicht brauchbar. Diese Einsicht soll in dieser Stunde den Schülern vermittelt werden. Methodisch erfolgt dies mit Hilfe der Satzbeispiele von M 11, an denen die Schüler die Richtigkeit der Grundannahmen der Vorstellungstheorie überprüfen. Dabei sind drei Phasen der Bearbeitung, die getrennt und nacheinander erfolgen sollten, zu unterscheiden: Satz (1) wirft das Problem auf, ob wir in Verbindung mit sprachlichen Ausdrücken Vorstellungen haben können; die Sätze (2) bis (7) zeigen, daß es zuweilen unmöglich ist, solche Vorstellungen zu haben; diese Einsicht wird an den Sätzen (8) bis (11) vertieft, die deutlich machen, daß Sprechakte keine Vorstellungen sein können.

Phase 1:
Die Vorstellungstheorie der Bedeutung (Wiederholung)

Diese Phase ist als Wiederholung gedacht und dient dazu, den Schülern die Grundannahmen der Vorstellungstheorie präsent werden zu lassen; auf diese Weise ist die Kritik an der Vorstellungstheorie leichter durchführbar. Als Einstieg liest ein Schüler nochmals die Zusammenfassung von M 10 vor, ein zweiter entwickelt und erklärt das Kommunikationsmodell, und ein dritter zeigt die Möglichkeiten von Verständigung und Mißverständnissen anhand dieses Kommunikationsmodells auf.

Phase 2:
Haben wir wirklich Vorstellungen?

Der Vorstellungstheorie zufolge müssen wir beim Verstehen sprachlicher Ausdrükke entsprechende Vorstellungen haben. Die Schüler können an sich selbst überprüfen, ob diese Annahme richtig ist. Dazu lesen sie Satz (1) von M 11. Der Lehrer fragt sie dann, ob sie Schwierigkeiten haben, diesen einfachen Satz zu verstehen, ob vielleicht unbekannte oder unverständliche Wörter vorkommen. Es ist davon auszugehen, daß dieser Satz keine Probleme aufwerfen kann.

Nach der Grundannahme der Vorstellungstheorie müßten die Schüler den Wörtern von (1) entsprechende Vorstellungen zugeordnet haben. Sie sollen deshalb nach einem kurzen Nachdenken ihre Vorstellungen beschreiben, die sie mit dem Satzteil *Kohls Haus* verbinden. Der Lehrer gibt vor, daß sie sich bei der Beschreibung an Farbe, Form und besonderen Eigenschaften des Hauses orientieren sollen. Als Resultat ist zu erwarten, daß die Schüler entweder unterschiedliche oder gar keine Vorstellungen haben. Nach den Grundannahmen der Vorstellungstheorie dürften die Schüler folglich diesen Satz entgegen ihren eigenen Behauptungen nicht oder jeweils verschieden verstanden haben. Dies ist im Unterrichtsgespräch als Problem hervorzuheben.

Phase 3:
Das Problem der fehlenden Vorstellungen

An den Sätzen (2) bis (7) von M 11 wird deutlich, daß Vorstellungen häufig ganz fehlen, obwohl wir die fraglichen Wörter und Sätze verstehen. Bei der Behandlung dieser Sätze wird methodisch in gleicher Weise wie in der vorhergehenden Unterrichtsphase verfahren: Die Schüler lesen in stiller Einzelarbeit die Sätze (2) bis (7). Der Lehrer fragt sie, ob sie beim Verstehen dieser Sätze Schwierigkeiten haben (was nicht anzunehmen ist). Danach werden sie aufgefordert, die Vorstellungen in kurzer Form zu notieren, die sie beim Lesen der unterstrichenen Wörter haben. Sollten die Schüler nach einer kurzen Zeit bei einigen Wörtern – wie erwartet – nichts notieren, werden sie aufgefordert, die Wörter aufzuschreiben, bei denen sich keine Vorstellungen einstellen. Ergebnis der gesamten Stillarbeitsphase ist, daß die

Schüler bei vielen Wörtern keine oder keine eindeutigen Vorstellungen haben, obwohl sie sie verstehen. Im Unterrichtsgespräch ist anschließend dieser Tatbestand als Problem festzuhalten; er ist mit den Annahmen der Vorstellungstheorie nicht vereinbar, muß man doch nach ihr Vorstellungen haben, um einen Ausdruck zu verstehen.

Phase 4:
Sprechakte sind keine Vorstellungen

Selbst wenn wir jedem einzelnen Wort eines Satzes eine Vorstellung zuordnen könnten, hätten wir den Satz bei weitem noch nicht verstanden. Einen Satz verstehen heißt auch, die Äußerung des Satzes als sprachliche Handlung, als Sprechakt zu verstehen, also als Frage, Befehl, Bitte, Behauptung, usw. Auch mit den Sätzen (8) bis (11) auf M 11 werden Sprechakte gemacht. Die Schüler lesen diese Sätze, und im Anschluß daran werden im Unterrichtsgespräch die folgenden Fragen diskutiert:
- Welche Sprechakte werden mit den Sätzen (8) und (9) gemacht? (Bitte, Befehl)
- Inwieweit unterscheiden sich die Vorstellungen beim Hören und Verstehen von (8) und (9)?
- Welche unterschiedlichen Vorstellungen ergeben sich bei (10) und (11)?

Als Resultat der Diskussion ist zu erwarten, daß man keine besonderen Vorstellungen haben muß, um einen Sprechakt als Sprechakt, eine Bitte als Bitte oder einen Befehl als Befehl zu verstehen. Um eine Frage als Frage zu verstehen, muß man vielmehr erkennen, daß der Sprecher etwas nicht weiß, aber wissen will. Man braucht dafür keine besonderen Vorstellungen.

Phase 5: (oder Hausaufgabe)
Zusammenfassung

Die Schüler lesen nochmals die Sätze von M 11 und formulieren selbständig die Probleme der Vorstellungstheorie, die sich an diesen Sätzen zeigen.

Stundenziele

Die Schüler sollen
- sich selbst testen, ob sie beim Verstehen sprachlicher Äußerungen Vorstellungen für die einzelnen Wörter oder Sätze haben,
- erkennen, daß Vorstellungen zum Verstehen sprachlicher Äußerungen nicht nötig sind,
- selbständig diese Fehlannahmen der Vorstellungstheorie anhand vorgegebener Satzbeispiele formulieren.

10. Stunde: Die Probleme der Vorstellungstheorie (2)

Unterrichtsverlauf

In dieser Stunde, die zweigeteilt ist, wird die Kritik an der Vorstellungstheorie abgeschlossen. Im ersten Teil werden die Grundannahmen der Vorstellungstheorie auf das Problem angewandt, wie ein Kind die Sprache lernt. Es wird sich zeigen, daß die Vorstellungstheorie diesen Sachverhalt nicht erklären kann und allein die Gebrauchstheorie der Bedeutung dies vermag.
Im zweiten Teil der Stunde wird das auf der Vorstellungstheorie basierende Kommunikationsmodell kritisiert. Es zeigt

sich, daß Verständigung nicht so ablaufen kann, wie dieses Modell es nahelegt.

Phase 1:
Das Lernen von Wörtern

Das Problem, wie Kinder nach der Vorstellungstheorie die Sprache erlernen, wird vom Lehrer im kurzen Vortrag dargelegt. Dieser Vortrag hat etwa die folgende Gestalt: „Ein Erwachsener äußert ein Wort. Zugleich verbindet er damit eine bestimmte Vorstellung. Das Kind hat beim Lernen der Sprache die sprachliche Äußerung mit der zugehörigen Vorstellung in Verbindung zu bringen. Wie gelingt es dem Kind, diese Zuordnung herauszubekommen?"
Im Anschluß daran ist im Unterrichtsgespräch zu klären, ob ein Kind auf diese Weise die Bedeutung sprachlicher Zeichen lernen kann. Das Resultat dieses Unterrichtsgesprächs sollte etwa die folgende Gestalt annehmen: „Vorstellungen sind etwas, was im Innern der Menschen verborgen ist. Niemand kann diese Vorstellungen sehen oder zeigen. Ein Kind kann somit nie herausfinden, welche Vorstellungen zu bestimmten sprachlichen Äußerungen gehören."
Es empfiehlt sich, zur Klärung des Sachverhalts, wie ein Kind die Sprache lernt, nochmals die Einsichten der Gebrauchstheorie der Bedeutung anzusprechen. Unter der Leitfrage *Wie geht ein Kind vor, wenn es ein Wort wie „rot" lernt?* ist im Unterrichtsgespräch folgendes Resultat zu erreichen: „Das Kind sucht, das Gemeinsame der verschiedenen Anwendungen des Wortes zu erkennen. Das, was allen Anwendungen des Wortes gemeinsam ist, kann man im Gegensatz zu Vorstellungen sehen, hören, usw. So erkennt das Kind, welche Bedingungen Gegenstände erfüllen müssen, damit wir sie z. B. als rote Gegenstände bezeichnen."

Häufig wird nach der Widerlegung der Vorstellungstheorie eingewandt, daß wir doch häufig beim Hören bestimmter Wörter bildhafte Vorstellungen haben, wie wir ja leicht an uns selbst beobachten können. Darauf ist zu erwidern, daß solche Vorstellungen ein Nebenprodukt sind. Wir können uns nach dem Lernen der Wörter bestimmte Dinge sicherlich auch vorstellen, z. B. Farben. Aber gerade dieses Beispiel zeigt, daß es diese Farben für uns auch in unserer bildlichen Vorstellung erst gibt, nachdem wir das Farbspektrum sprachlich eingeteilt haben, und dies geschieht in verschiedenen Sprachen ja bekanntlich durchaus unterschiedlich. Außerdem zeigt uns das Beispiel vieler Wörter, bei denen wir diese Vorstellungen nicht haben, daß Vorstellungen weder beim Erwerb noch bei der täglichen Verwendung der Sprache notwendig sind.

Phase 2:
Der Mythos vom sprachlichen Kode

Nach der Widerlegung der Vorstellungstheorie der Bedeutung ist es möglich, das dieser Theorie zugehörige Kommunikationsmodell in Frage zu stellen.
In einem ersten Schritt sollte eine einfache Form des Modells (vgl. 7. Stunde) an der Tafel oder mit Hilfe von Folienprojektion in Erinnerung gerufen werden. Unter der Leitfrage *Was ist die Voraussetzung, daß sich Sprecher und Hörer richtig verstehen?* sind noch einmal im Unterrichtsgespräch die Voraussetzungen sprachlicher Verständigung im Rahmen dieses Modells zu wiederholen. Resultat dieses Unterrichtsgesprächs sollte sein, daß Sprecher und Hörer denselben Kode beherrschen müssen, damit sie dieselbe Zuordnung zwischen den sprachlichen und den gedanklichen Einheiten herstellen können.

Unser Sprachkode	
Wort/Satz	Vorstellung/Gedanke
(1) blau	(1)
(2) Schule	(2)
(3) Tisch	(3)
(4) Die Multis treiben die Preise in die Höhe	(4)

Im nächsten Schritt sollen die Schüler die Erfahrung an sich selbst machen, daß es unmöglich ist, diesen Kode oder die Kodierungsregeln anzugeben, mit deren Hilfe wir den Vorstellungen Wörter zuordnen und umgekehrt. Der Lehrer schreibt dazu oben stehende Übersicht an die Tafel.

Die Schüler werden aufgefordert, in stiller Einzelarbeit in der rechten Spalte einzutragen, welche Vorstellungen zu den jeweiligen sprachlichen Einheiten entsprechend ihrem gelernten Kode zugeordnet werden müssen. Dies wird den Schülern verständlicherweise nicht gelingen, und im nächsten Schritt ist unter der Leitfrage *Wieso ist es nicht möglich, ein einziges Beispiel für den Kode anzugeben?* nach den Ursachen zu fragen. Resultat sollten die folgenden Punkte sein:

- Vorstellungen lassen sich nicht unmittelbar zeigen,
- es sind nur Beschreibungen der Vorstellungen möglich. Es müßte also z. B. bei einem einfachen Prädikator wie *blau* in die rechte Spalte eingetragen werden *Die Vorstellung von blau,*
- Vorstellungen und Gedanken sind außersprachlich nicht möglich. Unsere Vorstellungen und Gedanken sind sprachlich und deshalb gar nicht erst in Sprache zu übersetzen.

Gegebenenfalls kann ein einleuchtendes Experiment die Einheit von Denken und Sprechen belegen: Die Schüler werden aufgefordert, Satz (4) zu denken oder die entsprechende Vorstellung zu evozieren, ohne jedoch Wörter der Sprache zu verwenden. Da dies nicht gelingt, muß das Fazit lauten: Denken ist eine Art inneren Sprechens. Eine Übersetzung der Gedanken in Sprache ist deshalb nicht möglich. Dagegen nimmt das Kommunikationsmodell vorsprachliche Gedanken an, die deshalb erst noch in die Sprache zu übersetzen sind. Solche außersprachlichen Gedanken oder Vorstellungen sind aber nicht nachweisbar. Sie sind außerdem zum Erlernen, Verstehen und Gebrauchen der Sprache überflüssig. Es kann auf sie getrost verzichtet werden.
Es empfiehlt sich, die Schüler diese Kritik am Kommunikationsmodell selbständig formulieren zu lassen, gegebenenfalls als schriftliche Hausaufgabe.

Stundenziele

Die Schüler sollen
- erkennen, daß die Vorstellungstheorie den Spracherwerb nicht erklären kann,
- verstehen, daß das Kind nicht die Zuordnung von Wörtern zu Vorstellungen lernt, sondern Regeln für die Anwendung der Wörter,
- die unhaltbaren Vorannahmen des Kommunikationsmodells erkennen und das Kommunikationsmodell kritisch bewerten.

Vorschläge für Zusatzübungen und zur Leistungskontrolle

Im folgenden werden einige Aufgaben (Aufgabe 1–6) vorgestellt, die von den Schülern selbständig bearbeitet werden können. Sie eignen sich einerseits zur Vertiefung des im vorausgegangenen Teil behandelten Themas, sie können aber auch als Aufgaben im Rahmen von Klausuren oder Klassenarbeiten verwendet werden. In Anbetracht dessen ist auf didaktische und methodische Hinweise verzichtet worden. Statt dessen bieten wir einen kurzen Erwartungshorizont, innerhalb dessen die Lösungen der Schüler eingestuft werden können.

Aufgabe 1

Ein französischer Politiker hat gesagt, die französische Sprache sei dadurch vor anderen Sprachen ausgezeichnet, daß in ihr die Wörter in der Reihenfolge stünden, wie man denkt.
(nach L. Wittgenstein, Philsophische Grammatik, Frankfurt 1973, § 66)

Arbeitshinweis:

- Was ist zu einer solchen Ansicht zu bemerken?

Aufgabe 2

In „Ein Tisch ist ein Tisch" erzählt P. Bichsel die Geschichte eines alten Mannes, der aus Langeweile eines Tages beginnt, den Gegenständen seiner Umgebung neue Bezeichnungen zu geben.

„Er stand also auf, zog sich an, setzte sich auf den Wecker und stützte die Arme auf den Tisch. Aber der Tisch hieß jetzt nicht mehr Tisch, er hieß jetzt Teppich. Am Morgen verließ also der Mann das Bild, zog sich an, setzte sich an den Teppich auf den Wecker und überlegte, wem er wie sagen könnte.

Dem Bett sagte er Bild.
Dem Tisch sagte er Teppich.
Dem Stuhl sagte er Wecker.
Der Zeitung sagte er Bett.
Dem Spiegel sagte er Stuhl.
Dem Wecker sagte er Fotoalbum.
Dem Schrank sagte er Zeitung.
Dem Teppich sagte er Schrank.
Dem Bild sagte er Tisch.
Und dem Fotoalbum sagte er Spiegel.

Also:
Am Morgen blieb der alte Mann lange im Bild liegen, um neun läutete das Fotoalbum, der Mann stand auf und stellte sich auf den Schrank, damit er nicht an die Füße fror, dann nahm er seine Kleider aus der Zeitung, zog sich an, schaute in den Stuhl an der Wand, setzte sich dann auf den Wecker an den Teppich und blätterte den Spiegel durch, bis er den Tisch seiner Mutter fand.
Der Mann fand das lustig, und er übte den ganzen Tag und prägte sich die neuen Wörter ein. Jetzt wurde alles umbenannt: Er war jetzt kein Mann mehr, sondern ein Fuß, und der Fuß war ein Morgen und der Morgen ein Mann."
(Peter Bichsel, Ein Tisch ist ein Tisch, in: P. B., Kindergeschichten, Berlin/Neuwied 1969, S. 21 ff.)

Arbeitshinweis:

- Erklären Sie, ob der Mann eine neue Sprache geschaffen hat oder ob er das nicht getan hat.

Aufgabe 3

John Locke über die Wörter:
„Im Munde eines jeden vertreten sie die Ideen, die er besitzt und durch sie ausdrücken will. Ein Kind, das an dem Metall, das es Gold nennen hört, nichts bemerkt hat als die glänzende gelbe Farbe, wendet das Wort Gold nur auf seine eigene Idee dieser Farbe und auf nichts anderes an; es nennt daher dieselbe Farbe im Schweif des Pfaus ebenfalls *Gold.* Ein anderer, der schärfer beobachtet hat, fügt zu dem glänzenden Gelb das schwere Gewicht hinzu, dann vertritt der Laut *Gold,* wenn er ihn benutzt, die komplexe Idee eines glänzenden Gelb und einer sehr schweren Substanz. Ein dritter fügt zu diesen Eigenschaften die Schmelzbarkeit hinzu; dann bezeichnet für ihn das Wort *Gold* einen glänzenden gelben, schmelzbaren und sehr schweren Körper. Wieder ein anderer fügt die Dehnbarkeit hinzu. Sie alle gebrauchen übereinstimmend das Wort *Gold,* wenn sie veranlaßt sind, die Idee auszudrücken, die sie damit verknüpft haben. Es leuchtet jedoch ein, daß es jeder einzelne nur auf seine eigene Idee anwenden kann; er kann es nicht zum Zeichen einer komplexen Idee machen, die er nicht besitzt."
(J. Locke, Über den menschlichen Verstand, 3. Buch)

381. Wie erkenne ich, daß diese Farbe Rot ist? – Eine Antwort wäre: „Ich habe Deutsch gelernt."
(L. Wittgenstein, Philosophische Untersuchungen)

Arbeitshinweise:

- Wie erkennen wir die Gegenstände der Welt? Vergleichen Sie die Positionen von Locke und Wittgenstein zu dieser Frage!
- Welchen Fehler macht Locke?

Aufgabe 4

Die Wirklichkeit ist ein riesiges Mosaik; die einzelnen Steine des Mosaiks werden durch Wörter bezeichnet, und durch Aneinanderreihung von Wörtern zu Sätzen schneidet der Sprechende aus diesem Mosaik einen ihn und den Hörenden gerade interessierenden Komplex: einen Sachverhalt, heraus. Die eineindeutige Entsprechung zwischen Wörtern und Dingen macht das Sprechen selbst zu einem Mosaikspiel im Kleinen: durch Sprachmosaike, die wir von Fall zu Fall erzeugen, beziehen wir uns auf die entsprechenden Teile des Riesenmosaiks der Wirklichkeit.
[...]
(W. Stegmüller, Wissen und Erkennen, Darmstadt 1965)

Arbeitshinweis:

- Sind Sie mit dieser Auffassung des Verhältnisses von Sprache und Welt einverstanden? Begründen Sie Ihre Auffassung!

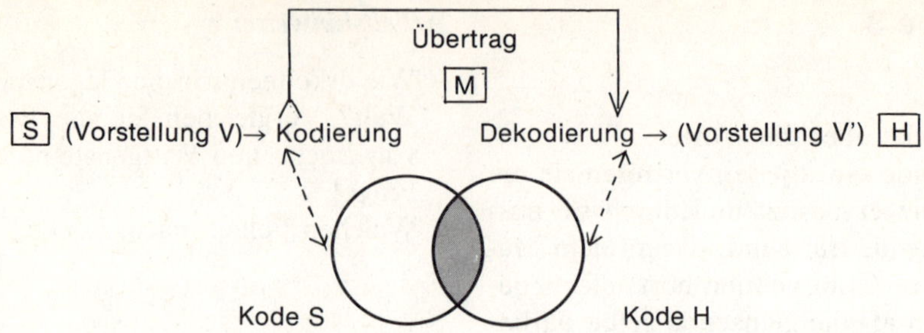

Aufgabe 5

Kommunikation, die (lat. communicare = sich besprechen): Zwischenmenschliche Verständigung durch Verbindungsaufnahme und Informationsaustauch (mit den Mitteln der Sprache); Form sozialen Handelns mit den Rollen Sender/Sprecher (S) und Empfänger/Hörer (H) sowie dem Träger der übermittelten Nachricht, der sprachl. Zeichenkette (Medium: M); K.-Modell (stark vereinfacht) [s. oben]

kodieren (engl. to code = chiffrieren) [auch: enkodieren]: Verschlüsseln (Gw. entschlüsseln = dekodieren) als Tätigkeit des Sprechers (bzw. Hörers) beim Sprechvorgang: aus dem Inventar konventioneller sprachl. Zeichen wählt er diejenigen, welche seinen mitzuteilenden Vorstellungen entsprechen, von denen er annimmt, daß sie beim Hörer (Gesprächspartner) die gleichen Vorstellungen wecken. Tatsächlich sind ↑ Kodes zweier Sprecher einer Sprache immer nur partiell deckungsgleich, so daß den Zeichen und Zeichenkombinationen unterschiedliche Bedeutungen und Nebenbedeutungen zugeordnet werden können. Dadurch kann Dekodierung zu anderen Vorstellungen beim Hören führen, als der Sprecher es bei der Kodierung beabsichtigt hat, die ↑ Kommunikation also gestört sein.

(Aus: Winfried Ulrich, Wörterbuch Linguistischer Grundbegriffe, Kiel 1972)

Arbeitshinweise:

- Beschreiben Sie mit Hilfe der beigefügten Lexikonartikel, wie die Verständigung zwischen Menschen nach dem graphisch dargestellten Kommunikationsmodell aussieht.
- An welchen Stellen des Modells würden Sie Korrekturen anbringen? Begründen Sie Ihre Entscheidung!

Aufgabe 6

Der Sprachforscher Leo Weisgerber hat die untrennbare Verbindung von Laut und Bedeutung und die Leistung des Wortes, die sich daraus ergibt, besonders überzeugend auf dem Gebiet der Farbnamen nachgewiesen. Bei einem Hirnver-

letzten des 1. Weltkrieges hatte die Verwundung zu einem Ausfall der Farbnamen geführt. Die Farbtüchtigkeit des Verletzten war an sich nicht beeinträchtigt. Er war z. B. durchaus in der Lage, ein bestimmtes Rot richtig als erdbeerfarbig und ein bestimmtes Blau als kornblumenfarbig zu bezeichnen. Aber ihm waren, wie gesagt, die üblichen Farbnamen rot, blau, grün usw. entschwunden. Er gebrauchte dafür gegenstandsgebundene Bezeichnungen. Das Überraschende daran ist nun, daß er mit den Farbnamen auch die Fähigkeit verloren hatte, die mit den Augen richtig wahrgenommenen Farben an einem Begriff zu orientieren. Als man ihm eine Reihe bunter Wollfäden gab und ihm auftrug, alle roten Farbtöne herauszusuchen, versagte er. Er war nicht imstande, das Gemeinsame in den Farbschattierungen von Rosa bis Blutrot zu erfassen.
(Herbert Drube, Zum deutschen Wortschatz. Historische und kritische Bemerkungen, München 1968, S. 16f.)

Arbeitshinweise:

- Wie ist die Unfähigkeit des Soldaten bei der Unterscheidung von Farben zu erklären? (Welches Wissen ist dem Soldaten abhanden gekommen?)
- Welche Leistung der Sprache für den Menschen läßt sich an diesem Beispiel erkennen?

zu Aufgabe 1:

Diese Aufgabe bereitet den Schülern im allgemeinen keine Schwierigkeiten. Bereits nach kurzem Nachdenken kommen die meisten zum richtigen Ergebnis.
Interessant mag sein, was Wittgenstein, der das Beispiel selbst anführt, zu der Ansicht des französischen Politikers sagt: „Die Idee, daß eine Sprache eine Wortfolge haben kann, die der Reihenfolge des Denkens entspricht, im Gegensatz zu anderen Sprachen, rührt von der Auffassung her, daß das Denken vom Ausdruck der Gedanken getrennt vor sich geht; und ein wesentlich anderer Vorgang ist. (Niemand würde fragen, ob das schriftliche Multiplizieren zweier Zahlen im Dezimalsystem gleichläuft mit dem Gedanken der Multiplikation.)" (L. Wittgenstein, Philosophische Grammatik, § 66)
Entscheidend ist also: Die französische Sprache ist in der fraglichen Hinsicht keinesfalls vor anderen Sprachen ausgezeichnet. Dies erscheint nur den Franzosen so. Ebenso erscheint dem Engländer seine Muttersprache hervorgehoben, dem Chinesen die seine, usw. Die Wörter der Muttersprache stehen deshalb in der Reihenfolge, wie man denkt, weil man eben in der Muttersprache denkt. Dies ist genauso wenig überraschend wie die Feststellung, daß in jeder Sprache die Wörter in der Reihenfolge stehen, in der man spricht.
Vielleicht sollte der französische Politiker eine andere Sprache so genau lernen, daß er auch in dieser Sprache denken kann.

zu Aufgabe 2:

Der alte Mann in Peter Bichels Erzählung hat sich strenggenommen keine neue Sprache geschaffen. Für die Annahme, daß man bei ihm von einer neuen Sprache zu reden habe, gibt es lediglich zwei Argumente: Zum einen wird der Mann von seiner Umgebung nicht mehr verstanden, wenn er seine Sprache spricht. Zum anderen verwendet der Mann die Wörter nicht nach unseren Regeln.

Aber das reicht nicht aus, um von einer wirklich neuen Sprache zu sprechen: Er hat nämlich alles Wesentliche der bisherigen Sprache beibehalten. So sind die Laute und Wörter dieselben geblieben. Kein einziger neuer Laut, keine einzige neue Lautkombination ist zu finden. Sogar die Wortarten sind dieselben. Ein Wort, das Nomen war, bleibt Nomen. Auch die Grammatik dürfte unverändert sein.
Vor allem aber hat der Mann keine neuen Regeln für den Gebrauch der Wörter erfunden. Er verwendet lediglich andere Wörter nach den alten Regeln. Anders ausgedrückt: Er gebraucht jedes Wort nach unseren Regeln für ein anderes Wort. Damit hängt aber ein weiterer entscheidender Gesichtspunkt zusammen: Die sprachliche Einteilung der Welt ist dieselbe. Hätte der Mann beispielsweise auch die Farbnamen vertauscht, würde er mit seiner privaten Sprache dennoch keine neuen Farben sehen. Die Unterscheidung z. B. zwischen rot und orange oder zwischen rot und grün wäre nach wie vor gleich, auch wenn sie mit anderen lautlichen Gebilden verbunden ist, solange die Regeln dieselben sind.

zu Aufgabe 3:

Diese Aufgabe ist, auch wenn die Schüler den Text von Locke bereits kennen, relativ schwierig, und die Lösung erfordert ein hohes Abstraktionsniveau.
Vergleicht man die Positionen von Locke und Wittgenstein auf der Grundlage der beiden Textfragmente, so ergibt sich: Locke ist ein Vertreter der Vorstellungstheorie. Danach hat jeder Mensch bestimmte Ideen oder Vorstellungen von den Dingen der Außenwelt. (Diese Ideen werden durch Wörter mitgeteilt, und Wörter stehen für diese Ideen. Die Ideen können sich durch Erfahrung entwickeln.) Besonders wichtig ist, daß unsere Wahrnehmung der Dinge durch unsere Ideen von den Dingen bedingt ist. Wer eben eine verkürzte Idee von Gold hat, wird auch andere Dinge als Gold bezeichnen, etwa goldfarbene Federn im Schweif des Pfaues.
Dagegen erfolgt die Wahrnehmung der Welt nach Wittgenstein nicht entsprechend unseren Ideen, sondern danach, welche Sprache wir gelernt haben. Wir erkennen als rot die Gegenstände, die wir im Deutschen als rot gelten lassen. Und als rot zählen die Gegenstände, die die Bedingungen erfüllen, unter denen wir *rot* zusprechen (diese Bedingungen für das Zusprechen haben wir an verschiedenen Beispielen der richtigen Anwendung des Wortes *rot* während unseres Spracherwerbs erschlossen).
Der Fehler Lockes besteht demzufolge vor allem darin, daß er unnötigerweise die Existenz von Vorstellungen annimmt, die weder nachweisbar noch zur Erklärung der Wahrnehmung und der Bedeutung sprachlicher Ausdrücke nötig sind. Locke bemerkt vor allem nicht, daß seine Vorstellungen und ihre Entwicklung nichts anderes sind als die Wörter (Prädikatoren) und die Regeln, nach denen wir sie gebrauchen. Wir erwerben nicht Vorstellungen von den Dingen, sondern Regeln für den Gebrauch unserer Wörter. Und in dem Maße, indem wir etwa die Regel für *Gold* gelernt haben, gelingt uns auch die in unserer Sprachgemeinschaft als korrekt angesehene Wahrnehmung von Gold.

zu Aufgabe 4:

Diese Aufgabe wirft eine Vielzahl interessanter, aber auch komplizierter Fragestellungen und Überlegungen auf. Es kann nicht erwartet werden, daß die Schüler auch nur annähernd die Vielfalt der im folgenden skizzierten Überlegungen erreichen.

Stegmüller referiert in dem vorliegenden Textausschnitt eine naive Auffassung des Verhältnisses von Sprache und Welt. Entscheidend erscheint bei dieser Ansicht, daß dabei fälschlicherweise davon ausgegangen wird, als wäre die Welt und die Vielzahl der Dinge der Welt irgendwie unproblematisch vor der Sprache gegeben. Demzufolge wären die Dinge bereits aufgeteilt und es würden ihnen sozusagen hinterher erst die Wörter gleichsam als Etiketten aufgeklebt (eine solche Ansicht entspricht in etwa der Auffassung der bereits kritisierten Gegenstandstheorie der Bedeutung).

Dagegen ist festzustellen, daß die Einteilung der Welt in gewissem Umfang sich zwar aufdrängt, aber kulturell bzw. sprachlich bedingt ist. Somit sind auch die Dinge als solche erst durch die Art unserer Unterscheidung da (einleuchtend auch hier wieder das Farbenbeispiel).

Neben diesem grundsätzlichen Einwand kann an der von Stegmüller geschilderten Ansicht unter anderem auch noch folgendes kritisiert werden: Die Entsprechung zwischen Wörtern und Dingen ist nicht eineindeutig. Es stimmt nämlich nicht, daß jedem Ding genau eine Bezeichnung und jedem Wort genau ein Ding zugeordnet werden kann. Nicht jedem Ding in der Welt entspricht genau ein Wort. Unsere Wörter passen auf viele Einzeldinge: *Haus* entspricht vielen Häusern; man könnte sagen, daß bei allen Prädikatoren höchstens Entsprechungen zu Klassen von Dingen angenommen werden können, nicht aber zu Einzeldingen. Aber auch umgekehrt stimmt die Behauptung der eineindeutigen Entsprechung nicht: Nicht jedem Wort oder Ausdruck entspricht ein Ding in der Welt. Welcher Gegenstand soll beispielsweise dem Ausdruck *Hallo* entsprechen? Welche Tatsache in der Welt entspricht dem Ausdruck *Komm!,* wenn der Angesprochene den Befehl verweigert? Was ist mit mehrdeutigen Ausdrücken wie *Ball, Schimmel,* usw.? Hier gibt es keine eineindeutigen Entsprechungen zwischen Wörtern und Dingen (beziehungsweise Klassen von Dingen).

Können diese Kritikpunkte von den Schülern teilweise noch erwartet werden, so ist dies bei den folgenden Aspekten unwahrscheinlich. Hinzuweisen wäre auf die Unklarheiten der folgenden Auffassung: Ausgehend von einem Satz *Ottos Haare sind weiß* wäre zu fragen, ob die Farbe ein zusätzlicher Mosaikstein zu den Haaren sein soll, wo doch jedem Wort ein Ding oder Mosaikstein entsprechen muß. Wenn nein, dann würde den Farbbezeichnungen wie allen anderen Eigenschaftsbezeichnungen nichts Eigenständiges in dem Mosaik „Welt" entsprechen. Wenn ja, müßte man sich fragen, wie die vielen Eigenschaften dann noch zwischen und neben den Mosaiksteinen Platz haben sollen.

Oder nehmen wir den Satz *Das Haus von A ist größer als das Haus von B.* Wenn dem Satz Wort für Wort ein bestimmter Weltausschnitt zugeordnet werden könnte, müßte sich auch die Relation *ist größer als* objektiv als Mosaikstein in der Welt finden lassen, also als ein zusätzliches Mosaiksteinchen neben den beiden Häusern A und B. Wo ist es?

zu Aufgabe 5:

Bei dieser Aufgabe wird lediglich der Stoff der Stunden 7–10 geprüft.

Die erste Aufgabe verlangt eine Beschreibung des Kommunikationsmodells, wie es in der 7./8. Stunde (Phase 2) eingeführt wurde. Die Kritik an diesem der Vorstellungstheorie verpflichteten Modell wurde in der 9. und 10. Stunde erarbeitet. Die einzelnen Punkte können den diesbezüglichen Ausführungen zur 9. Stunde (Phase 2–5) sowie zur 10. Stunde (Phase 2) entnommen werden.

zu Aufgabe 6:

Hier handelt es sich um eine relativ einfache Aufgabe, bei der zuerst der dargestellte Fall zu beschreiben ist, bevor an diesem Beispiel die gliedernde Funktion der Sprache erläutert werden soll.
Der Soldat vermochte Farben optisch wahrzunehmen. Er konnte sich auch an Farben, die er schon gesehen hatte, erinnern, etwa an die Farbe von Erdbeeren oder Kornblumen. Allerdings handelt es sich dabei um die Farben ganz bestimmter Gegenstände, nicht um unsere gegenstandsunabhängigen Farben bzw. Farbmuster. Der Soldat hat also einen ganz bestimmten Teil seiner Sprachkenntnisse verloren: Er „vergaß“ die Farbwörter und die Regeln, nach denen sie gebraucht werden. Mit den Regeln verlor er auch unsere Einteilung der Farben. Er kannte nicht mehr die Bedingungen, die ein Gegenstand erfüllen muß, um als Gegenstand mit einer bestimmten Farbe zu gelten.
An diesem Fall kann eine doppelte Leistung der Sprache erkannt werden: Zum einen schaffen unsere regelgeleitet verwendeten Wörter (Prädikatoren) eine bestimmte Einteilung der Welt, hier der Farben, die sozial und nicht natürlich gegeben sind. Ohne diese Wörter gebrauchen zu können, ist man nicht in der Lage, die gleiche Farbe an verschiedenen Dingen zu erkennen, da man ja nicht weiß, was als gleich gilt.
Daneben ermöglicht uns die Sprache, Einzeldinge nach bestimmten Eigenschaften als Vorkommnisse des gleichen Typs einzuordnen, als Häuser, gelbe Gegenstände, als Handlungen eines bestimmten Typs, usw. Damit schafft uns die Sprache die Möglichkeit, die unüberschaubare Menge der Einzeldinge in eine überschaubare und für unsere Zwecke geeignete Ordnung zu bringen.

Teil 2:
Der Gebrauch der Sätze: Sprechakte

Gegenstand des ersten Bausteins war die Ebene des einzelnen Wortes. Um uns zu verständigen, müssen wir die Regeln für den Gebrauch einzelner Wörter können. Wir haben darüber hinaus auch Regeln gelernt, wie wir einzelne Wörter syntaktisch zu komplexeren Ausdrücken zusammensetzen. Im zweiten Baustein wird die Betrachtung erweitert und die Ebene des einzelnen Wortes überschritten.

Wir gebrauchen nicht nur einzelne Wörter, die wir zu Sätzen zusammensetzen, sondern mit der Äußerung von Sätzen führen wir auch sprachliche Handlungen aus und stellen Beziehungen zu anderen Menschen her. Die Handlungen, die wir mit sprachlichen Äußerungen ausführen, z. B. Fragen stellen, Befehle erteilen, Warnen, Loben, Bitten usw., nennen wir Sprechakte.

Der ganze Umfang von Geschichte, Problemen und Terminologie der Sprechakttheorie geht nicht in den Unterricht ein. Die folgenden Ausführungen gehen über den Inhalt der Einzelstunden hinaus, doch dürfen sie als Hintergrundinformation für den Lehrer nicht fehlen.

Bereits Mitte der fünfziger Jahre hat der englische Philosoph John L. Austin eine Theorie des sprachlichen Handelns vorgelegt. Etwas vereinfacht ausgedrückt führen wir nach Austin beim Sprechen immer mehrere Handlungen auf einmal aus. Wir äußern eine Kombination von Lauten bzw. einen Satz. Gleichzeitig nehmen wir mit einem Teil der Äußerung auf etwas Bezug (Referenzakt) und sagen mit dem anderen Teil etwas darüber aus (Prädikationsakt). Mit der Äußerung *Stefan und Robert streiten sich* nehmen wir beispielsweise auf zwei bestimmte Personen Bezug und sagen über beide aus, daß sie in einer bestimmten Beziehung zueinander stehen.

Im Akt der Äußerung sind aber nicht nur Referenz (Stefan und Robert) und Prädikation (streiten sich) enthalten, zugleich wird damit auch der eigentliche Sprechakt (feststellen) ausgeführt. Austin nennt solche Sprechakte wie Feststellen, Behaupten, Fragen, usw. *illokutionäre Akte,* eine Bezeichnung, auf die wir im Unterricht zugunsten von *Sprechakt* verzichten können.

Bei einer Äußerung führen wir folglich eine Reihe sprachlicher Handlungen aus. Demzufolge verstehen wir eine Äußerung, wenn wir verstehen, worauf der Sprecher Bezug nimmt, was er darüber prädiziert und ob er das ganze beispielsweise im Sinne einer Frage, eines Befehls oder einer Behauptung tut. Für das Verstehen von Referenz und Prädikation benötigen wir neben der Kenntnis syntaktischer Regeln vor allem die Beherrschung von Prädikationsregeln. Das Verstehen einer Äußerung als Sprechakt ist auf verschiedene Weise möglich. Einerseits kann der Sprecher seine Redeabsicht durch geeignete Mittel (z. B. Satzform, Intonation) deutlich machen. Die Äußerung *Geht Otto in die Schule* verstehen wir als Frage durch die Wortfolge des Sprechers oder durch seine Intonation. Andererseits verstehen wir eine Äußerung als bestimmten Sprechakt, wenn wir gewisse Annahmen über den Gesprächspartner machen. Die Äußerung *Geht Otto in die Schule*

verstehe ich als Frage, wenn ich beispielsweise annehme, daß der Sprecher wissen will, ob Otto in die Schule geht.
Vieles, was wie ein Sprechakt aussieht, ist gar kein Sprechakt. Wenn ich jemanden durch eine Frage zu einer Antwort veranlasse, so ist *Jemanden zu einer Antwort bewegen* kein Sprechakt, sondern die Folge davon. Austin nennt solche scheinbaren Sprechhandlungen *perlokutionäre Akte.* Jemanden zu einer bestimmten Verhaltensweise bewegen kann die nachträgliche Folge eines Ratschlags oder einer Warnung sein, wenn der andere auf den Rat oder die Warnung hört und sich entsprechend verhält, es ist jedoch kein Sprechakt. Jemanden überzeugen ist die Folge eines Beweises, nicht aber ein illokutiver Akt oder Sprechakt. Ebenso kann jemanden aufmuntern die Folge eines Lobes sein, von jemanden eine Gabe empfangen die Folge einer Bitte oder jemanden hinauskomplimentieren die Folge einer Aufforderung, usw. In jedem Fall wird der Sprechakt (illokutionäre Akt) gleichzeitig mit der Äußerung immer schon gemacht, der perlokutionäre mit einer – wenn auch noch so geringen – zeitlichen Verzögerung, die durch die Reaktion des Gegenübers bedingt ist.
Häufig werden mit einer Äußerung mehrere Sprechakte gleichzeitig gemacht. Wenn ich behaupte, daß Schwimmen gut sei für die Gesundheit, kann ich damit unter bestimmten Umständen jemandem den Rat geben zu schwimmen. Mit der Äußerung wird also zuerst einmal eine Behauptung, unter Umständen aber gleichzeitig ein Rat ausgesprochen. Häufig spricht man in solchen Fällen von indirekten Sprechakten. In diesem Beispiel hätte ich mit meiner Behauptung zugleich indirekt einen Ratschlag gegeben. Vor allem Behauptungen scheinen für indirekte Sprechakte geeignet zu sein. Eine Behauptung wie *Das hast du gut gemacht* kann gleichzeitig ein Lob sein, mit der Fragestellung *Der Hund ist bissig* kann indirekt eine Warnung ausgesprochen werden.
Die Sprechakttheorie ist nach einer langen Diskussion in den angelsächsischen Ländern in den sechziger Jahren unter anderem von dem Amerikaner John R. Searle weiter entwickelt und teilweise auch popularisiert worden. Neben einigen aufschlußreichen Anwendungen der Sprechakttheorie auf grundlegende Fragen der Philosophie hat Searle vor allem stärker als etwa Austin herausgearbeitet, daß wir bei unseren Sprechakten immer bestimmte Annahmen über die Situation, insbesondere über den Gesprächspartner machen. Wer einem anderen z. B. eine Frage stellt, nimmt unter anderem an, daß er die Antwort wissen könne und bereit und in der Lage sei, sie ihm zu geben. Diese wechselseitigen unausgesprochenen Einschätzungen der Gesprächspartner sind ein bedeutsamer Aspekt, der in der Kommunikation häufig undurchschaubare Probleme mit sich bringen kann, und es ist ein Verdienst der Sprechakttheorie, hier klare Beschreibungen geliefert zu haben, auf denen wir bei der Untersuchung auch von Störungen menschlicher Kommunikation aufbauen können.
Die Sprechakttheorie ist in den siebziger Jahren auch bei uns immer mehr verbreitet worden und zählt bis heute zu den bevorzugten Arbeits- und Prüfungsgebieten der Studenten der Linguistik. Das sollte jedoch nicht darüber hinwegtäuschen, daß die meisten Sprechakttheorien einschließlich der bekanntesten Standardwerke entgegen dem ersten Anschein noch unübersehbare wissenschaftliche Schwierigkeiten aufweisen. (So werden von vielen Autoren bestimmte Regeln für das Ausführen von Sprechakten angenommen, von anderer Seite wird dies bestritten. Auch fehlt noch die Ausarbeitung einer übergreifenden Sprechhandlungs-

theorie: Es gibt nebeneinander Syntaxtheorien, Semantiktheorien und Sprechakttheorien. Eine wissenschaftlich befriedigende Integration aller Ansätze liegt erst in Ansätzen vor.) Trotz solcher und anderer Schwierigkeiten hat die Sprechakttheorie eine Reihe von Tatsachen ins Bewußtsein gerückt, die auch bei der schulischen Beschäftigung mit der Sprache nicht übergangen werden können, weil sie für ein angemessenes Verstehen von Texten aller Art bedeutsam sind.

Angesichts der oben genannten fachwissenschaftlichen Voraussetzungen sollen die Schüler an die wichtigsten und unstrittigen Einsichten der Sprechakttheorie herangeführt werden, ohne mit einschlägigen Texten oder entsprechender Terminologie belastet zu werden. Die Erkenntnisse der Sprechakttheorie, welche wir in den ersten fünf Stunden des Bausteins vermitteln, sollen vielmehr mit Hilfe gezielter Arbeitshinweise an alltagssprachlichen Beispielen von den Schülern induktiv gewonnen werden. Mit diesem Vorgehen können die Probleme umgangen werden, die unserer Ansicht nach bei Schulbüchern entstehen, in denen in bunter Folge Ausschnitte z. B. aus Übersetzungen bekannter Arbeiten angelsächsischer Autoren angeboten werden. Solche Textfragmente sind für sich genommen selbst für den Fachmann zuweilen unverständlich, für die Schüler sind sie terminologisch überfrachtet, ohne konkreten Anwendungsnutzen zu bieten. Vor allem aber enthalten solche Textauszüge in Schulbüchern manchmal mit erstaunlicher Instinktsicherheit gerade die Passagen, deren Inhalt wissenschaftlich besonders umstritten ist.

An die Beschäftigung mit der Sprechakttheorie und deren Anwendung auf die Untersuchung von Texten schließt sich in den Stunden 6–9 eine eingehende Behandlung der Beziehungen an, welche wir durch unsere sprachlichen Handlungen untereinander aufbauen. Im Mittelpunkt dieser Stunden stehen Untersuchungen von Alltagskommunikationen, wie wir sie selbst führen und erleben und wie sie in literarischen Texten beschrieben sind. Mit jedem Sprechakt definieren wir bewußt oder unbewußt eine spezifische Beziehung zu unseren Gesprächspartnern. Wer eine Frage stellt, definiert sein Gegenüber in gewisser Weise zumindest vorübergehend als überlegen, insofern er von ihm nämlich eine Information erwartet, die er selbst nicht besitzt. Wer dagegen umgekehrt eine Feststellung trifft, tut dies normalerweise in der Annahme, daß seine Gesprächspartner noch nicht wüßten, was er selbst weiß.

Dieser sogenannte Beziehungsaspekt jeder Kommunikation ist das Hauptthema der 6.–9. Stunde dieses Bausteins. Die Unterscheidung zwischen dem Inhalts- und dem Beziehungsaspekt ist in gewisser Weise altbekannt, ihre Relevanz gerade auch für die umgangssprachliche Kommunikation ist jedoch erst in jüngerer Zeit durch Erfahrungen auf dem Gebiet der Psychiatrie besonders deutlich geworden. Bereits in der Scholastik wurde unterschieden zwischen *dictum* und *modus,* also zwischen dem Inhalt und der Art und Weise, wie dieser Inhalt vermittelt wird. Moderne Sprachphilosophen und Logiker haben unterschieden zwischen der Proposition und dem Sprechakt bzw. zwischen dem Referenz- und Prädikationsakt auf der einen und dem illokutionären Akt auf der anderen Seite. In allen diesen Unterscheidungen wird ein Sachverhalt ähnlich gesehen, und dieser Sachverhalt läßt sich an dem folgenden Beispiel verdeutlichen:

(1) Hans raucht.
(2) Raucht Hans?
(3) Rauche, Hans!
(4) Würdest du doch rauchen, Hans!

In allen Äußerungen bleibt der Inhalt in bestimmter Weise konstant, denn in jedem der vier Sätze wird auf Hans Bezug genommen und über ihn *rauchen* prädiziert. Dagegen variiert die Beziehung des Sprechers zu seinem Gegenüber von Satz zu Satz. Im ersten Beispiel nimmt der Sprecher von seinem Zuhörer normalerweise an, daß er nicht wisse, daß Hans rauche. Er will ihn mit seiner Behauptung aufgrund seines angenommenen Informationsvorsprunges versichern, daß der angesprochene Sachverhalt wirklich gegeben sei. Im zweiten Fall besteht die durch den Sprechakt definierte Beziehung darin, daß der Sprecher sich bezüglich einer Information gegenüber dem Befragten in gewisser Weise als unterlegen, als abhängig definiert. Im Falle der Äußerung von (3) fühlt sich der Sprecher in einer überlegenen Position, da er dem Gesprächspartner einen Befehl geben zu können glaubt. Bei (4) dagegen fühlt sich der Sprechende in gewisser Weise abhängig, weil der den Gesprächspartner bittet und nicht glaubt, ihm einen Befehl erteilen zu können. Was sich also von Satz zu Satz ändert, ist der Modus des Sagens, der Sprechakt und damit der Beziehungsaspekt.

Was nun den Beziehungsaspekt von Kommunikation so bedeutsam erscheinen läßt, ist die Tatsache, daß Gespräche fast nie allein wegen des Inhaltsaspektes geführt werden, sondern auch der Festlegung und Stabilisierung der Beziehungen unter den Gesprächspartnern dienen. Wir kennen wohl alle die Situation, daß bei einer Abendgesellschaft die teilnehmenden Herren bewegte Diskussionen führen, ohne daß es ihnen letztendlich um eine Klärung der drängenden Fragen geht, um die sie allen Anschein nach ringen. Der umstrittene Gegenstand wäre ohne weiteres gegen einen anderen austauschbar. Worauf es den Diskutanten dagegen ankommt, ist, sich gegenüber den anderen und vor den Zuhörern als überlegen, intelligent, belesen, charmant, witzig, usw. zu definieren. Wer kennt nicht den Schüler, der nach jeder Unterrichtsstunde durch beflissene Fragen dem Lehrer das wohltuende Gefühl von Allwissenheit und Unentbehrlichkeit zu vermitteln versteht, und daraus auch für sich den Vorteil zu ziehen versucht, als interessiert, fleißig und aufgeschlossen eingestuft zu werden. Problematisch werden diese von uns fortwährend ausgetauschten Beziehungsdefinitionen allerdings, wenn dem Gesprächspartner dadurch eine für ihn unerträgliche Definition aufgedrängt wird. Wer, um ein besonders einfaches Beispiel zu nennen, einem anderen ständig mit der Pose wohlwollender Herablassung Dinge mitteilt und erklärt, die dieser eigentlich auch schon weiß, gibt diesem gleichzeitig das unter Umständen nur schwer erträgliche Gefühl, vom anderen unterschätzt und nicht für voll genommen zu werden. Daß daraus Animositäten entstehen können, ohne daß den Gesprächspartnern letztlich klar ist, warum sie ständig aneinander geraten, ist nur allzu häufig zu beobachten. Ein anderes Beispiel solcher Beziehungsdefinitionen wird in Familien mit heranwachsenden Kindern deutlich. Schon die unschuldige Frage der Eltern an die Tochter oder den Sohn, wohin er gehe und wann er zurückkomme, kann für den Heranwachsenden ärgerlich sein, weil er sich dadurch als unselbständig und eigener Verantwortung noch unfähig definiert verstehen kann. Häufig sind Beziehungskonflikte nur schwer beizulegen, weil sie ihrer Natur nach weitgehend unbewußt bleiben. Und dies ist in der Regel der Fall, weil ja die Definitionen bei den Sprechakten implizit erfolgen.

Die Wichtigkeit des Beziehungsaspektes von Kommunikationen und der daraus häufig erwachsenden Konflikte soll den Schülern in diesem Unterrichtsabschnitt auf der Grundlage von leichtverständlichen Textauszügen aus dem bekannten

Buch *Menschliche Kommunikation. Formen, Störungen, Paradoxien* von Paul Watzlawick u. a. verdeutlicht werden. Watzlawick hat im Rahmen seiner psychotherapeutischen Tätigkeit die Erfahrung gewonnen, daß in vielen Beziehungen das Bestehen von Spannungen und Konflikten nicht in einer seelischen Störung oder Krankheit eines der Beteiligten wurzelt, sondern in pathologisch gewordenen Beziehungsstrukturen der Beteiligten. Zu kurieren ist demzufolge auch nicht ein seelischer Defekt, der vielleicht in der frühen Kindheit entstanden ist, zu behandeln ist vielmehr die ganze Kommunikation der Beteiligten. Deshalb wird aus der Einzeltherapie eine Therapie beispielsweise der ganzen Familienkommunikation.

Was die von Watzlawick an vielen Beispielen aus seiner psychiatrischen Praxis eindrucksvoll beschriebene Problematik des Beziehungsaspektes von Kommunikation für unseren thematischen Zusammenhang bedeutsam macht, ist zweierlei: Zum einen dürfte es nur in sehr wenigen Gesprächen nicht darum gehen, sich selbst im Verhältnis zu anderen (positiv) zu definieren, sich also seiner (intersubjektiven) Identität zu versichern und diese zu stabilisieren. Zum anderen übersehen wir häufig im Alltag nur sehr schlecht, was wir mit unseren Äußerungen einander Gutes und weniger Gutes antun. Gerade wenn vom schulischen Unterricht ein verstärkter Bezug zur Lebenswirklichkeit verlangt wird, muß dieser von uns zuweilen nur unvollkommen beherrschte Aspekt der sprachlichen Interaktion Gegenstand des Unterrichts sein, und zwar nicht bloß theoretisch, sondern in Form von Selbstreflexion. Die Schüler lernen auf diese Weise, ihre Kommunikationsformen bewußter zu gestalten und auf mögliche Folgewirkungen einer Kommunikation, die durch ungeklärte Beziehungsdefinitionen entstehen, einzuwirken.

Watzlawicks o. a. Buch ist Ende der sechziger Jahre geschrieben worden, und zwar unabhängig von anderen Beschreibungen des sprachlichen Handelns, insbesondere der Sprechakttheorie. So lassen sich trotz augenfälliger Parallelen in der Beschreibung von Kommunikation Unterschiede in der Terminologie wie auch in der ganzen Auffassung nicht übersehen. Beide Ansätze ergänzen sich jedoch in idealer Weise: Während die Sprechakttheorie vor allem erklärt, wie unsere Äußerungen gleichzeitig bestimmte sprachliche Handlungen sein können und als solche verstanden werden können, zeigt Watzlawick, wie wir mit Sprechakten unsere Identität gegenüber anderen zu definieren suchen und wie es daher zu Konflikten kommen kann, wenn wir über die Beziehungsaspekte unserer Gespräche nicht im klaren sind.

Obwohl die Sprechakttheorie und die Kommunikationstheorie Watzlawicks zwei durchaus unterschiedliche Ansätze darstellen, darf im schulischen Unterricht nicht der Fehler gemacht werden, neben Texte der einen Theorie unvermittelt Texte der anderen zu stellen und die Schüler im Durcheinander sich auf undurchschaubare Weise ergänzender und überschneidender Terminologien allein zu lassen.

Wir fassen deshalb im folgenden das Thema *Beziehungsaspekt* als eine Ausdifferenzierung der notwendigerweise vorausgehenden Sprechakttheorie auf, und genauso, wie wir bei dieser auf die Vermittlung einer ausführlichen Terminologie verzichten, werden auch die spezifischen Idiome Watzlawicks und seine Formalisierungsversuche von uns ausgeblendet. Stattdessen haben wir alle Arbeitshinweise und Aufgaben zu den Texten Watzlawicks so formuliert, daß sich die Einordnung der neuen Aspekte in die Sprechakttheorie problemlos ergibt. Daß wir dabei

Watzlawick auf der Basis der Sprechakttheorie teilweise reformulieren und in einigen Punkten in deren Sinn präzisieren, wird durch die Plausibilität der Ergebnisse hoffentlich legitimiert. Unser Vorgehen stützt sich vor allem auf unsere Ansicht, daß die Sprechakttheorie die Theorie Watzlawicks im Ansatz schon enthält: In jedem Sprechakt wird nämlich dem Gesprächspartner die vom Sprecher erwünschte Beziehungsdefinition entweder mitgeteilt, oder es wird ihm Gelegenheit gegeben, seine eigene Beziehungsdefinition durch einen folgenden Sprechakt zu vermitteln.

1./2. Stunde: Die Funktion der Sprache

Im Mittelpunkt der beiden Stunden steht die Frage, wozu wir die Sprache verwenden können. Auf diese Frage nach den möglichen Funktionen der Sprache kann eine einfache Antwort gegeben werden: Der Zweck unserer Äußerungen ist es, Sprechakte zu machen.

Damit unsere Äußerungen als Sprechakte richtig verstanden werden, versuchen wir bereits beim Sprechen durch geeignete Mittel anzudeuten, ob wir unsere Äußerung etwa als Warnung oder als Bitte, als Ratschlag oder als Drohung usw. meinen. Diese Mittel sind die Art und Weise, wie wir uns äußern, wobei zugleich angezeigt wird, welchen Sprechakt wir machen wollen. Um unsere Redeabsicht anzuzeigen, bedienen wir uns zumeist einer bestimmten syntaktischen Satzform. Will ich beispielsweise einen Befehl geben, dann wähle ich den Befehlssatz als Satzform, d. h. ich bediene mich der Imperativform des Verbs. Dementsprechend werden die Satzformen, die sich ja durch die verschiedene Reihenfolge der Satzteile unterscheiden, traditionell funktional gedeutet: Als Fragesätze, Aussage- oder Befehlssätze, manchmal auch noch als Ausrufe- und Wunschsätze.

Die Satzform ist aber nur ein eingeschränkt wirksames Mittel, um einen bestimmten Sprechakt anzuzeigen. Der Satz *Er ist verschwunden* hat die Form eines Aussagesatzes. Diese Satzform kann aber auch für eine Frage stehen, wenn ich in mündlicher Rede eine andere Intonation verwende oder schriftlich den Aussagesatz durch ein Fragezeichen zur Frage mache. So kann beispielsweise auch die Äußerung *Geh weg!* als Bitte, Aufforderung, Warnung, Wunsch oder Rat gemeint sein. Die Satzform allein zeigt nicht an, welchen Sprechakt der Sprecher machen will. Es darf nicht verwundern, daß die Satzformen die Sprechakte nicht eindeutig anzeigen. Es gibt sehr viele verschiedene Sprechakte, jedoch nur sehr wenige Satzformen, so daß diese für ein genaues Anzeigen gar nicht ausreichen können. Immerhin schränkt die Satzform häufig die Zahl der in Frage kommenden Sprechakte ein und hat durchaus eine gewisse verständnisfördernde Wirkung. Sätze in Imperativform können beispielsweise kaum als Fragen oder Behauptungen gemeint sein. Aus dem bisher Dargelegten kann zusammenfassend festgehalten werden, daß zwischen der Form von Sätzen und ihrer Verwendung unterschieden werden muß. Um eine Äußerung als Sprechakt richtig zu verstehen, verlassen wir uns nicht leichtfertig allein auf die Form der Äußerung. Mit unserer Sprache können wir eine unüberschaubar große Anzahl verschiedener Sprechakte ausführen. Lange bevor in den angelsächsischen Ländern die Sprechakttheorie entwickelt wurde, hat Karl Bühler zwischen drei grundlegenden Funktionen der Sprache unterschieden: Der Darstellung, dem Appell und dem Ausdruck. Bei der Darstellung handelt es sich um die Darstellung von Sachverhalten, bei dem Appell um die Absicht, den anderen zu bewegen, etwas Bestimmtes zu tun, bei dem Ausdruck um den Ausdruck von eigenen psychischen Einstellungen. Analog zu diesen drei Funktionen der Sprache lassen sich durch den Nachweis entsprechender Sprechakte Texte und Teile von Texten als überwiegend deskriptiv, appellativ oder expressiv charakterisieren. Ein Beispiel für einen deskriptiven Sprechakt ist etwa gegeben, wenn wir klassifizieren, für einen appellativen, wenn wir befehlen, für einen expressiven, wenn wir uns bedanken.

Diese nützliche und gebräuchliche Einteilung ist allerdings um zwei Typen von Sprechakten zu erweitern. Sprachliche Handlungen wie Versprechen, Schwören oder Garantieren fügen sich nicht in diese Einteilung. Diesen Sprechakten ist gemeinsam, daß der Sprecher dabei eine Verpflichtung zu einem bestimmten Handeln übernimmt. Wer etwas verspricht, verpflichtet sich ebenso zu einem bestimmten Verhalten wie derjenige, der eine Garantie abgibt. In gewisser Weise sind diese Sprechakte das Gegenstück zu den appellativen Sprechakten, mit denen jeweils andere zu einem bestimmten Verhalten gebracht werden sollen. Im Anschluß an die Sprechakttheorie können solche Sprechhandlungen wie Schwören, Drohen, Versprechen usw. als *kommissive* oder als *Selbstverpflichtungs-Sprechakte* bezeichnet werden.

Neben diesen kommissiven Sprechakten ist die Bühlersche Klassifikation noch um einen weiteren Typus von Sprechakten zu erweitern. Dabei geht es um Handlungen wie Ernennen, Exkommunizieren, Trauern, Taufen usw. Mit ihnen werden auf der Grundlage gesellschaftlicher Konventionen die sozialen Verhältnisse einzelner oder ganzer Gruppen verändert. Durch den Akt der Exkommunizierung wird der Betroffene beispielsweise aus der Kirche ausgeschlossen, durch die Äußerung der Ernennungsformel wird jemand in ein Amt gesetzt. Durch solche Sprechakte wird von bestimmten dazu befugten Personen gesagt, wie die Wirklichkeit sein soll, und damit ist der betreffende Teil der Wirklichkeit verändert. Solche Sprechakte können als *deklarative Sprechakte* bezeichnet werden. Ihre Funktion ist es, Übereinstimmung zwischen einer Absicht und der Wirklichkeit herbeizuführen.

Mit Hilfe der kommissiven und deklarativen Sprechakte sowie der Bühlerschen Unterscheidung in deskriptive, appellative und expressive Grundfunktionen sprachlicher Handlungen können alle Sprechakte zuverlässig unterschieden werden. Eine solche Unterscheidung der Sprechakte zeigt ihren Nutzen bei der Beschreibung von Texten. Texte lassen sich als Abfolge von Sprechakten beschreiben. Dabei können meist verschiedene Abschnitte unterschieden werden, je nachdem, welcher Sprechakttyp dominiert. Auch die Charakterisierung ganzer Texte oder Textteile als appellativ oder expressiv erfolgt auf diese Weise.

Unterrichtsverlauf

In einer kurzen Einstiegsphase werden die Schüler mit der grammatikalischen Einteilung von Sätzen in Aussage-, Befehls- und Fragesatz bekannt gemacht. Als Einteilungskriterium wird hier nur die Satzform herangezogen. Im Anschluß daran wird an den Beispielsätzen von M 12 die notwendige Unterscheidung zwischen Satzform und Satzverwendung deutlich gemacht.

In der nächsten Phase wird den Schülern auf der Grundlage von M 13 gezeigt, daß es eine Vielfalt von Sprechakten gibt und daß sich alle Sprechhandlungen auf fünf Grundtypen zurückführen lassen. Die Einsicht, daß jede sprachliche Äußerung einen Sprechakt ergibt und daß es Grundtypen solcher Sprechhandlungen gibt, findet abschließend bei der Beschreibung von Texten Anwendung. Alternativ können hier Interview oder Politikerrede beschrieben und nach den dominierenden Sprechakten charakterisiert werden.

Phase 1:
Die formale Unterscheidung der Satzarten (fakultativ)

Sollte der Lehrer seinen Kurs dahingehend einschätzen, daß ihm die in den Grammatiken vorgenommene Einteilung der Satzarten in Aussage-, Befehls- und Fragesatz nicht geläufig ist, empfiehlt es sich, diese Phase in die Stunde hereinzunehmen. Fällt seine Einschätzung gegenteilig aus, genügt es, durch kurzen Lehrervortrag die Lerninhalte dieser Phase in Erinnerung zu rufen.
Ziel dieser Phase ist, die Schüler mit der Unterscheidung von Sätzen in Aussage-, Befehls- und Fragesatz bekannt zu machen, allerdings nur in Hinblick auf formale Unterscheidungskriterien. Dazu schreibt der Lehrer die folgenden Sätze an die Tafel:
(1) Er geht in die Schule.
(2) Geh in die Schule!
(3) Geht er in die Schule?
Er fragt dann die Schüler, wie sich die einzelnen Sätze unterscheiden und wie sie zu benennen sind. Es ist nicht anzunehmen, daß es den Schülern Schwierigkeiten bereitet, die einzelnen Sätze als Aussage-, Befehls- und Fragesatz zu erkennen. Im Anschluß daran wird im Unterrichtsgespräch geklärt, wie man am äußeren Erscheinungsbild die einzelnen Sätze unterscheiden kann. Als Resultat sollte sich ergeben, daß dies durch Interpunktion und Wortstellung möglich ist.

Phase 2:
Der Unterschied von Satzform und Satzverwendung

Die Satzform allein gibt nicht immer eindeutige Hinweise zur Hand, welcher Sprechakt mit diesem Satz gemacht wird. Der Aussagesatz *Er geht in die Schule* kann zuweilen auch als Befehls- oder Fragesatz gemeint sein. An den Beispielsätzen von M 12 *(Satzform und Satzverwendung)* soll den Schülern die Unterscheidung zwischen der Form eines Satzes und seiner Verwendung deutlich gemacht werden.
Die Schüler lesen alle Sätze in Einzelarbeit, und im Anschluß daran werden im Unterrichtsgespräch die einzelnen Satzformen bestimmt (Aufgabe 1). Als Resultat ergibt sich, daß Satz (1) die Befehlsform hat, die Sätze (2), (3) und (12) die Fragesatzform und alle anderen Sätze die Aussagesatzform. Im Lehrervortrag sollte dann der Ausdruck *Sprechakt* eingeführt werden. Dieser Vortrag könnte folgende Gestalt haben:
„Ein Sprechakt ist eine Handlung, die wir mit einer sprachlichen Äußerung durchführen; er bringt die Intention des Sprechers zum Ausdruck, der beispielsweise eine Frage stellt, bittet, lobt, befiehlt, warnt, usw.“
Im Anschluß an diesen Lehrervortrag bestimmen die Schüler in Einzelarbeit, welche Sprechakte mit den Sätzen von M 12 gemacht werden (Arbeitshinweis 2 und 3). Als Resultat könnte sich z. B. ergeben:
(1) Aufforderung, Befehl, Bitte
(2) Aufforderung, Bitte (Frage)
(3) Aufforderung, Bitte (Frage)
(4) Bitte, Aufforderung, Erinnerung (ironischer Befehl)
(5) Aufforderung, Erlaubnis

(6) Bitte, Aufforderung (ironischer Befehl)
(7) Aufforderung, Rat, Empfehlung
(8) Aufforderung, Wunsch
(9)–(11) Indirekter Befehl, indirekte Aufforderung, Behauptung
(12) Aufforderung, Befehl (Frage)

Wenn den Schülern klar geworden ist, daß die Satzform den Sprechakt häufig nicht richtig anzeigen kann, ist nach dem Grund der funktionalen Einteilung der Satzformen zu fragen: *Wenn die Satzform nichts über die Verwendung des Satzes sagen kann, wie konnte es dann überhaupt zu dieser Einteilung der Satzformen kommen?* Die Erklärung ist, daß die jeweiligen Sprechakte sicher am häufigsten in den entsprechenden Satzformen erfolgen, also Befehle in Befehlssatzform, Behauptungen in der Behauptungssatzform usw. Umgekehrt darf jedoch keine unzulässige Verallgemeinerung erfolgen, denn mit diesen Satzformen sind auch ganz andere Sprechakte möglich. Da sich die Satzformen nur nach der Stellung der Satzteile unterscheiden, wäre eine andere Unterteilung der Satzformen sinnvoller, etwa indem nach der Stellung des Prädikats unterschieden wird.

Phase 3:
Die Funktionen der Sprache – eine Klassifikation

Obwohl es eine Vielzahl von Sprechakten gibt, ist es möglich, die einzelnen Sprechakte zu klassifizieren und zu ordnen, indem Verwandtschaften zwischen ihnen festgestellt werden. Dies sollen die Schüler eigenständig erkennen. Sie werden aufgefordert, anhand von M 13 (Verschiedene Arten von Sprechakten) die Sprechaktbezeichnungen nach der Dreiteilung von Bühler in Einzelarbeit in eine Übersicht einzutragen (Arbeitshinweis 1). Dabei werden die Sprechakte notiert, die sich nicht dieser Bühlerschen Einteilung fügen (Arbeitshinweis 2).

Im anschließenden Unterrichtsgespräch ist die Einzelarbeit der Schüler zu kontrollieren. Ein Lösungsvorschlag ist auf dem Stundenblatt zu dieser Stunde ausgeführt. Beim Vergleich dieser Ergebnisse kann sich durchaus herausstellen, daß manche Sprechakte verschiedenen Klassen zugeordnet werden können. So können bewertende Sprechakte, wie z. B. Loben, sowohl als deskriptiv wie auch als expressiv eingestuft werden.

Im Anschluß an das Unterrichtsgespräch sind die Schüler nach den notierten Sprechakten zu fragen, ob es Verwandtschaften zwischen ihnen gibt, ob die Typologie erweitert werden muß (Arbeitshinweise 3 und 4). In Partner- oder Gruppenarbeit werden diese Sprechakte dann geordnet. Als Resultat sollte sich ergeben, daß die Einteilung der Sprechakte um zwei Typen erweitert werden kann: um die deklarativen und kommissiven Sprechakte. Deklarative Sprechakte sind Handlungen wie Ernennen, Verwünschen, Krieg erklären, Entlassen, Trauen, usw.; kommissive Sprechakte sind Handlungen wie Versprechen, Wetten, Drohen, Garantieren, usw.

Bevor der Lehrer den Schülern die Fachausdrücke *deklarative* und *kommissive Sprechakte* nennt, müssen die Schüler ihre Einteilung begründen. Sie müssen erläutern, welche Gemeinsamkeiten zwischen zusammengehörigen Handlungen bestehen. Die kommissiven Sprechakte haben gemeinsam, daß sich der Sprecher dabei zu einer bestimmten Handlung verpflichtet. Die Gemeinsamkeiten der deklarativen Sprechakte lassen sich durch den Verweis auf Zauberei in Märchen erklären, wo durch einen Zauberspruch Dinge verwandelt werden können. Ähnlich werden durch deklarative Äußerungen die sozialen Verhältnisse einzelner oder ganzer

Gruppen geändert. Nur sind hier keine physikalischen Ausnahmegesetze am Werk, sondern gesellschaftliche Abmachungen.

Phase 4:
Sprechakte in der Kommunikation – Beschreibung von Texten

Die Einteilung von Sprechakten in verschiedene Typen läßt sich auf die Beschreibung von Texten anwenden. In dieser Phase der Stunde werden Reden von Charles de Gaulle (M 14) und ein SPIEGEL-Interview mit dem Werbekritiker Vance Packard (M 15) im Hinblick auf die bisher gewonnenen Einsichten, die Typologie der Sprechakte, untersucht. Texte werden dabei als Abfolge von Sprechakten aufgefaßt und interpretiert, wobei einzelne Textabschnitte nach dem jeweils dominierenden Sprechakttyp charakterisiert werden können. Hat der Text die Form eines Dialogs, lassen sich die Rollen der Gesprächspartner nach den von ihnen verwendeten Sprechakten unterscheiden.
Text M 14 empfiehlt sich wegen seines geringen Schwierigkeitsgrades für eine mündliche Behandlung in der Stunde, M 15 sollte anhand der beigefügten Arbeitshinweise schriftlich ausgeführt werden. Vor der Besprechung von M 14 kann der Lehrer oder ein Schüler die Redeausschnitte laut vortragen. Auf diese Weise treten die Eigenheiten der Redegestaltung deutlicher als bei stillem Lesen hervor. Im Anschluß an den Lehrer- oder Schülervortrag bestimmen die Schüler in Einzelarbeit Satz für Satz die von de Gaulle gemachten Sprechakte (Arbeitshinweis 1). Es genügt, wenn sie die Sprechaktbezeichnungen an den Rand schreiben. Der Lehrer sollte die Schüler jedoch darauf hinweisen, daß bei vielen Sätzen mehr als nur eine Bezeichnung gleichzeitig möglich ist. Nach Beendigung der Einzelarbeit sind die Ergebnisse zu vergleichen und gegebenenfalls zu berichtigen. Danach ist im Unterrichtsgespräch zu klären, welche Arten von Sprechakten überwiegen und mit welcher Absicht die Reden auf diese Weise gestaltet wurden (Arbeitshinweise 2 und 3).
Als Resultat von Einzelarbeit und Unterrichtsgespräch ergibt sich: In de Gaulles Reden überwiegen offensichtlich die expressiven und appellativen Sprechakte. Kommissive Sprechakte sind allenfalls angedeutet, insofern sich de Gaulle der deutsch-französischen Freundschaft verpflichtet zeigt. Deskriptive Elemente fehlen. Im einzelnen entpuppen sich viele der auf den ersten Blick wie Behauptungen aussehenden Äußerungen als Beschreibungen von Gefühlen und Einstellungen. Damit sind diese Sprechakte weniger deskriptiver als vielmehr expressiver Natur. So drückt der Redner beispielsweise Freude und Ermutigung sowie die Empfindung des Vertrauens in das deutsche Volk aus. Gleichzeitig appelliert de Gaulle an seine Zuhörer: Die Feststellung, daß Deutschland und Frankreich gemeinsame Aufgaben in der Welt hätten, ist (indirekt) ebenso appellativer Art wie der Aufruf zur Freundschaft zwischen Bayern und Franzosen. Lob und Komplimente für das deutsche Volk und einzelne seiner Politiker durchziehen alle drei Reden und sind genauso Ausdruck von de Gaulles innerer Einstellung wie die jeweils am Ende der Rede vorgebrachten Wünsche.
Diese betont expressive und appellative Redegestaltung ist nur auf dem Hintergrund der historischen Situation zu erklären. De Gaulles Besuch war der erste eines französischen Staatspräsidenten in Deutschland nach dem Zweiten Weltkrieg. Er diente vor allem dazu, die beiden Völker einander näherzubringen und die deutsche Regierung zu einer gemein-

samen Politik mit Frankreich zu gewinnen. Im Vordergrund stand deshalb auch die Absicht, dem deutschen Volk zu verdeutlichen, daß es siebzehn Jahre nach dem Kriegsende wieder als gleichberechtigter Partner, der des französischen Vertrauens würdig ist, angesehen wurde. Dies erklärt die Betonung der expressiven Komponente in de Gaulles Reden.

Hausaufgabe

Die Schüler sollen das SPIEGEL-Interview mit Vance Packard (M 15) als Abfolge von Sprechakten beschreiben. Die Arbeitshinweise zu M 15 sollte noch im Unterricht kurz besprochen und erläutert werden. Nähere Ausführungen hierzu sind in der Vorphase der 3./4./5. Stunde enthalten. Arbeitshinweis 1 dient als Vorarbeit. Es genügt, wenn die Schüler die zutreffenden Sprechakte an den Rand notieren. Die Arbeitshinweise 2, 3 und 4 sollten dagegen im fortlaufenden Hausaufsatz erledigt werden. Zum besseren Verständnis kann den Schülern zu Arbeitshinweis 2 ein möglicher Anfang einer Beschreibung vorgelesen werden (siehe 3./4./5. Stunde, Vorphase).

Stundenziele

Die Schüler sollen
- den Unterschied zwischen Satzform und Satzverwendung erkennen,
- in der Vielfalt der Sprechakte sprachliche Grundfunktionen unterscheiden,
- Sprechakte nach Verwandtschaften klassifizieren und sprachlichen Grundfunktionen zuordnen,
- Texte als Abfolge von Sprechakten beschreiben und in ihren Intentionen charakterisieren.

3./4./5. Stunde: Wie man Sprechakte macht und versteht

Häufig wird angenommen, daß es für das sprachliche Handeln bestimmte Regeln gebe, wonach wir zum Vollzug von Sprechakten auf die Verwendung bestimmter Formeln festgelegt seien. Angenommen wird dabei, daß die Äußerung bestimmter Sprechaktformeln unter bestimmten situativen Voraussetzungen den gewünschten Sprechakt ergebe. So referiert W. Stegmüller: „Weit wichtiger ist jedoch die Tatsache, daß man illokutionäre Akte nur vollziehen kann, wenn geeignete Konventionen existieren. Man könnte jede derartige Konvention untergliedern in eine *Äußerungskomponente* und in eine *Auffassungskomponente.* Die erste legt fest, was in einer Situation von bestimmter Art für eine sprachliche Äußerung zu wählen ist; die zweite bestimmt, wie sie von den Hörern illokutiv zu deuten ist. Beides sind die zwei Seiten ein und derselben Medaille." (W. Stegmüller, Hauptströmungen der Gegenwartsphilosophie, Band II, Stuttgart 1975, S. 71 f.) Die Behauptung einer solchen Konventionalität der Sprechakte ist in den fünfziger und sechziger Jahren in verschiedenen Varianten immer wieder formuliert, aber auch kritisiert worden. Als Standardbeispiele für diese Konventionalität wurden immer wieder deklarative Sprechakte wie Trauen, Eröffnen, Taufen und dergleichen angeführt: Die Äußerung einer Formel wie *Ich erkläre Sie hiermit vor dem Gesetz zu Mann und Frau* ergibt unter bestimmten Voraussetzungen eben eine Trauung, die Äußerung der Taufformel eine Taufe, usw.
Bei der überwiegenden Mehrzahl von Sprechakten läßt sich jedoch keine Festlegung auf eine bestimmte Formel finden.

Ich kann das Waschmittel X durch die verschiedensten Äußerungen empfehlen:
(1) Ich empfehle X.
(2) Ich empfehle Ihnen X, wenn Sie reine Kochwäsche haben wollen.
(3) Nehmen Sie X!
(4) Nehmen Sie X, denn sauberer geht es nicht!
(5) Sie sollten X nehmen.
(6) X gibt reine Kochwäsche.
(7) X ist am besten.
(8) X hat biologische Schaumregulierung mit Bleich- und Farbauffrischautomatik.

Diese Beispiele zeigen, daß es nicht an einer bestimmten Formel liegen kann, daß eine Äußerung beispielsweise als Empfehlung zu verstehen ist. Zwar können bestimmte Formulierungen den beabsichtigten Sprechakt anzeigen, doch ist eine bestimmte Formulierung nicht entscheidend, ob dieser tatsächlich gemeint oder verstanden wird. Die Absicht eines Sprechaktes beim Sprecher und das Verstehen eines Sprechaktes beim Hörer hängen vielmehr davon ab, welche wechselseitigen Annahmen die Gesprächspartner machen. Unter *Jemandem eine Empfehlung geben* verstehen wir normalerweise, daß ein Sprecher einem Hörer eine Handlungsweise nennt (z. B. X verwenden), von der er annimmt, daß diese Handlungsweise für ein bestimmtes Ziel (z. B. reine Wäsche zu haben) geeignet sei. Und nur wenn der Sprecher diese Annahme macht, meint er seine Äußerung aufrichtig als Empfehlung. Und nur, wenn der Hörer glaubt, daß diese Bedingungen erfüllt sind, versteht er die Äußerung als Empfehlung.
Diese Bedingungen hören sich relativ kompliziert an, aber wie alle Prädikationsregeln, so haben wir auch die Regeln für Sprechaktverben internalisiert, und wir wenden sie gleichsam automatisch an. Und wie wir mit den Prädikatoren allgemein die Welt einteilen, so unterscheiden wir mit Bezeichnungen wie *empfehlen, bitten,* usw. die sprachlichen Handlungen. Wenn wir sehen bzw. annehmen, daß die Bedingungen für einen bestimmten Sprechakt erfüllt sind, können wir die fragliche Äußerung als Ausführung eines Sprechaktes erkennen bzw. verstehen. Und diese Bedingungen sind vor allem, daß der Sprecher bestimmte Annahmen über den Zubehör macht. Beispiele dafür werden im Verlauf der folgenden Stunden ausreichend vorgeführt.

Unterrichtsverlauf

Nach der Besprechung der Hausaufgabe steht im Mittelpunkt der drei Stunden die Frage, wie man Sprechakte macht und versteht. Den Schülern wird in einem von ihnen aufgeführten Rollenspiel (Beispiel „Trauung") die Annahme nahegelegt, daß es für jeden sprachlichen Akt bestimmte Äußerungsformeln gebe, die umgekehrt auch signalisieren, welcher Sprechakt gemacht wird. Diese Annahme wird durch die Bearbeitung von M 17 noch erhärtet und vertieft.
Durch ein kleines Experiment können die Schüler jedoch leicht selbst feststellen, daß es solche feste Formeln und Formen von Sprechakten nur in bestimmten Ausnahmefällen gibt. In der nächsten Phase wird den Schülern aber gezeigt, daß wir mit bestimmten Formeln, Wörtern und anderen sprachlichen Mitteln unsere Sprechabsicht, also unseren Sprechakt, verdeutlichen und damit Mißverständnissen vorbeugen können. Am Ende der drei Stunden sollen die Schüler an einigen der häufigsten sprachlichen Handlungen selbst erkennen, was für einen Sprechakt entscheidend ist: Es sind die wechselseitigen

Annahmen der Gesprächspartner, aber auch die Situation, in der sie sich befinden.

Vorphase:
Besprechung der Hausaufgabe

Bei dem SPIEGEL-Gespräch mit dem Werbekritiker Vance Packard (M 15) handelt es sich um eines jener weitverbreiteten Interviews, bei denen die Rollen weitgehend asymmetrisch verteilt sind. Der eine stellt Fragen, und der andere darf im Bewußtsein seiner als überlegen anerkannten Sachkompetenz seine Erkenntnisse zum besten geben. Solche Interviews finden sich häufig in Jugendzeitschriften, wenn sogenannten Stars die Gelegenheit geboten werden soll, sich ihren Anhängern zu offenbaren. Dem entsprechen in anderen Medien Gespräche zwischen Journalisten und Politikern gleicher Richtung, beispielsweise „Gerhard Löwenthal interviewt F. J. Strauß" oder „Franz Alt im Gespräch mit Oskar Lafontaine". Soll statt des hier angebotenen Beispiels ein aktuelleres verwendet werden, dürfte es also kein Schwierigkeiten bereiten, in Zeitschriften geeignete Gespräche zu finden.
Arbeitshinweis 1 zu M 15 haben die Schüler erledigt, indem sie die zutreffenden Sprechaktbezeichnungen an den Rand notierten. Als Resultat sollte festgehalten werden, daß sich der SPIEGEL auf das Stellen einfacher Informationsfragen beschränkt; Behauptungen werden lediglich gemacht, um die anschließende Frage verständlicher zu machen. Einzelne Fragen können unter Umständen auch als Vermutungen aufgefaßt werden. Umgekehrt sind die Sprechakte Packards rein deskriptiv: Er behauptet oder stellt fest und äußert Vermutungen und bestätigt.
Bei der schriftlichen Bearbeitung von Arbeitshinweis 2 sollten die Sprechakte nicht nur unspezifisch aufgezählt, sondern es sollte auch erwähnt werden, was jeweils behauptet, gefragt oder vermutet wird. Eine angemessene Beschreibung des Interviewverlaufs könnte etwa folgendermaßen beginnen: „Der SPIEGEL *stellt* einleitend *fest,* daß die Verbraucher in Europa und Amerika sich weniger leicht durch Werbung verführen lassen, weil sie weniger ausgeben, und *fragt* nach den Ursachen für dieses Phänomen. Packard *vermutet,* daß dieser Wandel der Konsumgewohnheiten durch die Sorge um die wirtschaftliche Zukunft begründet sei. *Als* weitere *Ursache nennt* er die Einsicht der Bürger, daß viele Dinge eigentlich unnötig seien. Jedenfalls *stellt* er ein Nachlassen des Kaufimpulses *fest.* Der SPIEGEL *erinnert* Packard an seine frühere These von der Allmacht der Werbung und *stellt die Frage,* ob diese These noch zu halten sei. Packard weicht aus und *behauptet,* seinerzeit nur seine Beobachtungen berichtet zu haben. Als der SPIEGEL seine Frage wiederholt, *bejaht* Packard und *bewertet* die Methoden der Werbung als mittlerweile noch raffinierter. Gleichzeitig *konstatiert* er jedoch eine zunehmende Kritikfähigkeit der Konsumenten ..."
Bei der schriftlichen Bearbeitung von Arbeitshinweis 3 sollten die Schüler erkannt haben, daß das Verhältnis der beiden Gesprächspartner deutlich asymmetrisch ist: Der Interviewer begibt sich in die Rolle des wegen seiner Unkenntnis Untergeordneten und überläßt es dem Interviewten, sein Wissen mitzuteilen.

Phase 1:
Gibt es Regeln, wie man Sprechakte macht?

Jeder Sprechakt – so eine häufige Annahme – wird nur durch das Äußern einer bestimmten Satzformel gemacht. Sprechakte gelten demzufolge nur dann als geglückt, wenn die vorgesehene Form der Äußerung eingehalten wird. Neben der korrekten Äußerungsformel müssen in der Regel noch weitere Bedingungen der Situation erfüllt sein. Dies soll den Schülern durch ein von ihnen selbst aufgeführtes Rollenspiel „Trauung" verdeutlicht werden.

Bei einer Trauung ist entscheidend, daß der Standesbeamte die richtige Formel spricht, denn nur dann ist die Trauung gültig. Die richtige Formel allein reicht jedoch nicht aus; auch die Situation, in der die Trauung stattfindet, muß gewisse Voraussetzungen erfüllen. So muß beispielsweise das „Ja" der Brautleute freiwillig und ohne Zwang erfolgen. Aber auch diese Bedingungen, die richtige Formel und die adäquate Situation, reichen nicht unbedingt aus, die Trauung gültig werden zu lassen; auch die an der Trauung beteiligten Personen müssen bestimmte Voraussetzungen erfüllen. So muß der „Standesbeamte" wirklich ein Standesbeamter sein, denn nicht jeder kann eine gültige Trauung vollziehen.

Die Notwendigkeit dieser Bedingungen für die Gültigkeit einer Trauung soll den Schülern in einem Rollenspiel, das aus drei Schritten besteht, vor Augen geführt werden. Der Lehrer wählt fünf geeignete Schüler aus, die die Rollen des Standesbeamten, des Bräutigams, der Braut und der beiden Trauzeugen übernehmen. Diese Schüler führen drei mißlungene Trauungen vor. Um allen Schülern die Stimmung einer Trauungszeremonie näherzubringen, kann der Lehrer, wenn ihm dies geeignet erscheint, das Rollenspiel musikalisch durch Tonband oder Kassettenrecorder untermalen.

1. Beispiel: Die Formel ist falsch

Braut, Bräutigam und Trauzeugen treten vor den Standesbeamten. Dieser traut die Brautleute mit den Worten: „Schön, daß Sie gekommen sind. Endlich wieder ein paar Trottel, die heiraten wollen. Leider habe ich meine Krawatte nicht dabei. Macht aber nichts. Hauptsache, ich bin nicht strumpfsockig. Und jetzt stelle ich fest, daß sie vor dem Gesetz Mann und Frau sind." Der Standesbeamte und die Trauzeugen beglückwünschen nach diesen Worten die Eheleute.

Nach Beendigung des Rollenspiels fragt der Lehrer die Schüler: *Ist die Trauung gültig?* Die Schüler werden keine Schwierigkeiten haben zu erkennen, daß die Formel des Standesbeamten und damit die Eheschließung nicht korrekt war.

2. Beispiel: Die Situation erfüllt die Voraussetzungen nicht

In diesem Beispiel wird vom Standesbeamten die richtige Trauformel, die auf M 16 zu finden ist, verwendet. Die Trauung müßte so eigentlich gelingen. Der Lehrer verabredet mit den Schauspielern im Stillen jedoch eine andere Abweichung: Auf die Frage des Standesbeamten antworten die Brautleute erst dann mit „Ja", nachdem sie von den Trauzeugen mit einem Messer (Lineal oder dergleichen) nachdrücklich in den Rücken gestoßen wurden, was für die Zuschauer deutlich ersichtlich sein sollte. Nach Beendigung des Rollenspiels fragt der Lehrer wiederum die Schüler: *Ist die Trauung gültig?* Die Schüler müssen erkennen, daß zwar die Formel, aber nicht die Situation stimmt. Die Brautleute müssen der Eheschließung freiwillig und ohne Zwang zustimmen.

3. Beispiel: Eine Person erfüllt die Voraussetzungen nicht

Das dritte Beispiel muß nicht unbedingt gespielt werden. Man kann es auch mündlich im Unterricht behandeln. In diesem Beispiel wird davon ausgegangen, daß die Eheschließung korrekt durchgeführt wird, d. h. Formel und Situation stimmen. Ferner ist davon auszugehen, daß das Brautpaar echt ist und wirklich die Absicht hat, miteinander die Ehe einzugehen. Nach Beendigung des Rollenspiels (oder nachdem der Lehrer die veränderten Bedingungen den Schülern mitgeteilt hat), fragt der Lehrer die Schüler wiederum: *Ist die Trauung gültig?* Sollten die Schüler nicht sofort erkennen, daß dies nicht der Fall ist, weil die Trauung von keinem wirklichen Standesbeamten vollzogen wurde, kann der Lehrer provozierend weiterfragen: *Wenn die Trauung gültig war, haben wir also mit... (Name des Schülers) und mit... (Name der Schülerin) in der Klasse ein Ehepaar?* Die Schüler werden leicht erkennen, daß dies nicht zutrifft.

Das Rollenspiel „Trauung" hat einige Besonderheiten von Sprechakten wie Schwören, Ernennen, Eröffnen, usw. deutlich gemacht. Worin diese Besonderheiten bestehen (was den Schülern durch das Spiel auch unterschwellig klar sein dürfte), wird nun mit Hilfe von M 17 (Gibt es Regeln, wie man Sprechakte macht?) systematisch erarbeitet. M 17 enthält eine Reihe von Äußerungsformeln, die von feststehenden Personen in bestimmten Situationen gemacht werden. Die Schüler beantworten die Fragen zu M 17 schriftlich in Einzelarbeit. Im anschließenden Unterrichtsgespräch sollten die folgenden Punkte angesprochen werden: Die Sprechakte lassen sich nicht anders als mit der Äußerung der Sätze (1)–(7) machen. Es wäre merkwürdig, ein Startkommando durch Äußern von *Jetzt rennt mal los!* zu geben. Auch eine Taufe wird durch das Aussprechen des Satzes *Ab jetzt heißt Du Otto!* nicht im Sinne der Kirche gelingen. Ebenso glückt der Notruf nur, wenn die richtige Formel verwendet wird. Es zeigt sich auch, daß jede Äußerung zusätzlich in eine bestimmte Situation gehört. Auch leuchtet ein, daß die Personen, die diese Akte ausführen, nicht beliebig sein können. Der Mann auf der Straße kann weder die Olympiade eröffnen noch einen Beamten ernennen. Als vorläufige Regel für die Sprechakte ergibt sich somit die unten stehende.

In einem abschließenden Gespräch kann die Richtigkeit dieser Formel für die Beispiele (1)–(7) ohne Schwierigkeiten nachgewiesen werden. Die Absolution etwa gelingt nur, wenn der Sprechende Priester ist und die richtige Absolutionsformel spricht. Zu den Voraussetzungen der Situation gehört unter anderem, daß der Loszusprechende seine Sünden genannt und keine verschwiegen hat. Zudem muß er seine Sünden bereut haben und den ehrlichen Vorsatz der Besserung aufbringen.

Wenn jemand beispielsweise ein Rennen startet, muß er sich nicht nur an das gültige Startkommando halten, sondern auch von den Wettkämpfen bzw. deren Vertreter anerkannt bzw. beauftragt worden sein. Zur Situation gehört unter anderem, daß die Wettkämpfer anwesend und bereit sind.

Phase 2: Es gibt keine Regeln, wie man Sprechakte machen muß

Die bisherigen Sprechakte können nur von bestimmten Personen ausgeführt werden, die in einer bestimmten Situation eine bestimmte Formel aussprechen. Von diesem Beispiel ausgehend hat man fälschlicherweise verallgemeinert, daß grund-

Sprechakt = Äußerungsformel + feststehende Person + Situation

sätzlich alle Sprechakte nach bestimmten Regeln zu vollziehen wären. Danach hätten wir Regeln gelernt, durch welche bestimmt ist, welche Äußerungen als was zählen. So zählt etwa die Äußerung *Guten Tag* als Gruß, nicht aber das Äußern von *Wau-Wau* oder *Sie Hirsch.*

Diese Regeln und Vorschriften gibt es aber nicht, vor allem nicht bei den Sprechakten, die wir alle täglich machen. Wir können beispielsweise ein Lob auf völlig unterschiedliche Weise aussprechen, es wird trotzdem ein Lob bleiben. Dies entspricht genau der Tatsache, daß ein Haus ein Haus ist, unabhängig davon, ob es gelb, grün, rot oder blau angestrichen ist. Die Farbe ist dabei genau so unwesentlich wie bei den Sprechakten die genaue Form der Ausführung. Ferner fehlt bei den alltäglichen Sprechakten auch die Einschränkung auf eine feststehende Person, der diese Sprechakte vorbehalten sind. Ein Lob kann beispielsweise gelingen, gleichgültig, von wem es ausgesprochen wird. Diese Einsicht soll den Schülern in dieser Unterrichtsphase klar werden.

Zu diesem Zweck liest der Lehrer den Schülern die folgenden Sprechakte vor:

(1) Jemanden auffordern wegzugehen.
(2) Jemanden für sein Gitarrespiel loben.
(3) Jemandem das Medikament Z gegen Schnupfen empfehlen.
(4) Jemandem 100 Mark versprechen, wenn er abschreiben läßt.

Der Lehrer fordert dann die Schüler auf, in Einzelarbeit für einen (oder mehrere) Sprechakt die Äußerung zu notieren, mit der dieser Sprechakt gemacht wird. Beim Vergleich der Ergebnisse im anschließenden Unterrichtsgespräch wird sich herausstellen, daß jeder Schüler den Sprechakt auf andere Weise macht. Beispiele für (2) sind etwa:

- Du spielst gut.
- Du spielst ausgezeichnet.
- Dein Gitarrespiel gefällt mir.
- Deine Technik ist hervorragend.
- Du bist ein guter Gitarrist.

Der Lehrer wählt dann von (1)–(4) ein Beispiel aus und fragt die Schüler, ob dieser Sprechakt nur von einer feststehenden Person gemacht werden kann. Die Schüler werden leicht erkennen, daß dies nicht der Fall ist. Das Medikament Z gegen Schnupfen kann jemandem von einem Apotheker oder von einem Freund, der damit gute Erfahrungen gemacht hat, empfohlen werden. Der Sprechakt gelingt unabhängig von einer feststehenden Person.

In einem nächsten Schritt sollen die Schüler in Einzelarbeit ein Fazit ziehen und schriftlich formulieren. Dieses Fazit könnte etwa folgende Gestalt haben: „Es gibt Sprechakte, die nur bestimmte Personen mit der Äußerung einer bestimmten Formel ausführen können. Für die große Mehrzahl von Sprechakten gibt es diese Einschränkung nicht. Weder sind diese Sprechakte bestimmten Personen vorbehalten, noch bedürfen sie der Äußerung einer bestimmten Formel.“ Im Anschluß an eine kurze Besprechung der Einzelarbeit erinnert der Lehrer die Schüler an die in der vorherigen Phase aufgestellten Regel:

Sprechakt = Äußerungsformel + feststehende Person + Situation

Er fragt dann die Schüler, wie diese Regel im Hinblick auf die Ergebnisse dieser Phase zu ändern ist. Als Resultat ergibt sich:

Sprechakt = Äußerung + Situation

Phase 3:
Woran erkennt man Sprechakte?

Für die äußere Form eines Sprechaktes gibt es keine festen Regeln und Vorschriften. Es besteht somit auch nicht die Möglichkeit, eine Äußerung an ihrer Form als einen bestimmten Sprechakt zu erkennen und damit richtig zu verstehen.
Damit wir mit unseren Äußerungen richtig verstanden werden, versuchen wir deshalb im allgemeinen, bestimmte Verständnishilfen zu geben. Je nachdem, wie wir den Sprechakt machen, sind wir teilweise sogar durch die Regeln unserer Sprache zu gewissen Hinweisen gezwungen. Die wichtigsten dieser Verständnishilfen sind die Intonation, der Verbalmodus, die Wortfolge (Satzform), bestimmte Adverbien oder Konjunktionen (z. B. *dennoch*), aber auch Gestik und Mimik.
In M 18 *(Wie man Sprechakte verdeutlicht)* sind einige Äußerungen angeführt. Zu diesen Äußerungen soll der mögliche Sprechakt und das Mittel der Verdeutlichung gefunden werden. Durch Bearbeitung von M 18 sollen den Schülern die Mittel klar werden, die wir zur Verdeutlichung unserer Redeabsicht benutzen. Es empfiehlt sich, unter der Leitfrage *Woran ist bei diesen Sätzen zu erkennen, welcher Sprechakt gemacht wird?* die Sätze (1)–(3) im Unterrichtsgespräch zu behandeln. Als Resultat sollte sich ergeben, daß (1) eine Frage oder eine Aufforderung, (2) eine Frage oder ein Befehl, (3) eine Bitte, eine Aufforderung oder ein Befehl sein kann. Das Mittel der Verdeutlichung ist in allen drei Fällen die Intonation, da die Satzform für sich genommen noch mehrdeutig ist.
Nach diesem Einführungsbeispiel untersuchen die Schüler in Einzel- oder Partnerarbeit die übrigen Sätze. Es ergibt sich folgendes Resultat:

möglicher Sprechakt	Mittel der Verdeutlichung
(4) Vermutung	„vielleicht“
(5) Ausdruck der Hoffnung	„hoffentlich“
(6) Wunsch	„wenn doch“
(7) Einschränkung, Einwand	„aber“
(8) Einschränkung, Einwand	„trotzdem“
(9) Folgerung	„deshalb“
(10) Feststellung	explizite Formulierung („explizit performative Formel“)

Phase 4:
Die gegenseitige Einschätzung bei Sprechakten

Es ist durchaus möglich, daß bei einer Äußerung jede Verdeutlichung der Sprechabsicht fehlt. Wie kann man beispielsweise entscheiden, ob die Äußerung *Geh weg* als Bitte, Aufforderung, Warnung oder Befehl gemeint ist, wenn sie der Sprecher nicht durch Intonation verdeutlicht? In solchen Fällen ist der Hörer auf seine Einschätzung des Gesprächspartners angewiesen, wie der diese Äußerung meinen könnte.
M 19 *(Die gegenseitigen Einschätzungen bei Sprechakten)* enthält zwei Beispiele, bei denen der Erfolg des Sprechaktes von Einschätzungen oder Annahmen über den Gesprächspartner abhängig ist. Im ersten Beispiel hat ein Lehrer A die Gewohn-

heit, Klassenarbeiten immer mit Lob oder Tadel zurückzugeben. Zum Schüler B sagt der Lehrer nur: *Du hast neun Punkte.* Ist diese Äußerung nun als Lob oder als Tadel aufzufassen? Von einem Lob oder Tadel sprechen wir nur, wenn bestimmte Bedingungen erfüllt sind. Der Schüler B muß somit intuitiv überprüfen, ob bei dieser Äußerung die Bedingungen für „Loben" oder „Tadeln" erfüllt sind. Die Bedingungen, die erfüllt sein müssen, daß die Äußerung *Du hast neun Punkte* als Lob gemeint ist, sind die folgenden Annahmen von A (sie sind auch auf M 19 angeführt):

1. Der Schüler B hat seine Leistung selbständig und frei erbracht. (A könnte B beispielsweise nicht loben, wenn dieser seine Arbeit nur abgeschrieben hätte. Allein selbständige Handlungen können Gegenstand eines Lobes sein.)
2. Neun Punkte sind viel – gemessen an den Möglichkeiten des Schülers. (Jemandem, der sozusagen im Schlaf ständig zehn und mehr Punkte erreicht, kann man mit so einer Äußerung sicherlich kein Lob aussprechen.)
3. Es ist richtig, (möglichst) viele Punkte zu erreichen. (Diese Wertung wird nicht immer geteilt.)

Nur wenn B voraussetzt, daß A diese Annahmen macht, versteht er die Äußerung von A als Lob. Und immer, wenn er diese Äußerung als Lob auffaßt, hat er auch schon angenommen, daß A diese Annahme macht.

In analoger Weise lassen sich auch die Annahmen bei einem Tadel formulieren. Die Äußerung *Du hast neun Punkte* kann nur dann als Tadel gemeint sein, wenn die zweite Bedingung gegenüber einem Lob geändert ist. A muß in diesem Fall annehmen, daß neun Punkte, gemessen an den Möglichkeiten von B, wenig seien. Hat B die Annahmen von A auf diese Weise erfaßt bzw. vorausgesetzt, dann hat er die Äußerung richtig als Tadel verstanden.

Bei dem zweiten Beispiel sagt A zu B: *Gib das Messer her.* Diese Äußerung kann eine Bitte, aber auch eine Aufforderung sein. Eine Aufforderung ist sie dann, wenn A will, daß B ihm das Messer gibt und zusätzlich annimmt, daß

1. B in der Lage sei, das Messer herzugeben,
2. B das Messer nicht aus eigenem Antrieb hergeben würde,
3. er selbst aufgrund seiner Überlegenheit B bestrafen könnte, wenn dieser das Messer nicht hergibt.

Nur wenn A diese Annahme macht, meint er seine Äußerung als Aufforderung oder Befehl, und nur wenn B diese Annahmen bei A voraussetzt, versteht er die Äußerung als Aufforderung.

Meint A seine Äußerung als Bitte, ändert sich die dritte Annahme. A setzt in diesem Fall voraus, daß er B nichts antun kann oder will, wenn dieser das Messer nicht hergibt.

Die hier dargestellte Thematik, die gegenseitige Einschätzung bei Sprechakten, können die Schüler selbständig mit Hilfe von M 19 erarbeiten. Sie lesen dazu das Einleitungsbeispiel („Lob und Tadel") mit den Annahmen von Lehrer A über Schüler B, die die Äußerung *Du hast neun Punkte* zu einem Lob machen. Es empfiehlt sich, nach der Lektüre die einzelnen Punkte zu besprechen, um sicher zu gehen, daß die Schüler den Text richtig verstanden haben. Im Anschluß an diese Wiederholungsphase füllen die Schüler in Einzelarbeit die Leerzeilen beim Beispiel „Tadel" aus und überlegen sich Antworten auf die M 19 beigefügten Fragen. Nach der Besprechung der Einzelarbeit kann in einem letzten Schritt am zweiten Beispiel („Befehl und Bitte") eine Vertiefung der gewonnenen Einsichten erfol-

gen. Die Bearbeitung dieses Beispiels eignet sich aber auch für eine schriftliche Hausaufgabe.
Um die Schüler auf die Thematik einzustimmen, kann sich der Lehrer eines Einstiegs bedienen. Denkbar wäre der folgende Lehrervortrag: „Ein Lehrer betritt das Klassenzimmer und gibt eine Klausur zurück. Er sagt mit gleicher Intonation zu den Schülern B und C: *Du hast neun Punkte*. Der Schüler B jubelt, der Schüler C schweigt geknickt. Die Äußerung des Lehrers ist in beiden Fällen die gleiche. Wie ist es zu erklären, daß die Schüler B und C unterschiedlich auf sie reagieren und sie damit unterschiedlich verstehen?"

Stundenziele

Die Schüler sollen
- erkennen, daß es nur bei wenigen Sprechakten festgelegte Formeln gibt, daß aber die meisten unserer sprachlichen Handlungen auf völlig unterschiedliche Weise gemacht werden können,
- die sprachlichen Mittel bestimmen, mit denen wir unsere Sprechabsichten verdeutlichen,
- die Bedingungen definieren, unter denen bestimmte Sprechakte als solche zustandekommen,
- erkennen, daß wir bei jedem Sprechakt bestimmte Annahmen über den Gesprächspartner machen.

6./7. Stunde: Die Inhalts- und Beziehungsaspekte der Kommunikation

Ziel dieser beiden Stunden ist es, die Schüler mit der Bedeutung des Beziehungsaspektes von Kommunikation vertraut zu machen. Grundlage dafür ist die Beschäftigung mit ausgewählten Abschnitten aus Paul Watzlawicks *Menschliche Kommunikation*. Die inhaltlichen Ausführungen Watzlawicks können im Materialienband (M 20, M 21, M 22) nachgelesen werden. Sie sind leicht verständlich und bedürfen keiner Ergänzung oder Interpretation. Wir beschränken uns darauf, an dieser Stelle die zentralen Aspekte nochmals hervorzuheben.
Wie in der letzten Stunde gezeigt wurde, werden bei allen Sprechakten Annahmen über den Gegenüber implizit vorausgesetzt. Mit jedem Sprechakt definieren wir den Gesprächspartner in Beziehung zu uns selbst, und in gleicher Weise definieren wir uns selbst in Hinblick auf ihn. Viele Sprechakte schließen eine Beziehungsdefinition ein, bei der der Zuhörer in eine untergeordnete Rolle gedrängt wird. Solche Sprechakte sind beispielsweise Befehle, Ratschläge oder Beweise. Wenn immer nur eine Seite solche Sprechakte machen darf, kann es zu sogenannten Beziehungskonflikten kommen, weil die andere Seite gegen die impliziten Beziehungsdefinitionen anzugehen versucht.
Solche Beziehungskonflikte werden besonders problematisch in Fällen, in denen sich die Gesprächspartner über die Ursache ihrer Spannungen im Unklaren befinden und sich fälschlicherweise auf der Inhalts- statt auf der Beziehungsebene streiten. Die Gesprächspartner finden dann immer wieder nichtige Anlässe für Auseinandersetzungen, bei denen sie, um sich als überlegen oder zumindest als gleichwertig zu zeigen, recht behalten wollen. Hier ist es möglich, daß ein unglückseliger Zirkel in Gang gesetzt wird, der nur durchbrochen werden kann, wenn die Beteiligten die Inhaltsebene verlassen und sich über die Natur ihrer Beziehung Klarheit und Einverständnis verschaffen.

Nach allem, was wir wissen, spielen die in der Kommunikation vermittelten (impliziten) Beziehungsdefinitionen für unser Ichbewußtsein eine überragende Rolle. Gerade im sprachlichen Austausch mit anderen erfahren wir, wer wir sind. Dabei ist die Anerkennung, die wir von anderen erfahren, offensichtlich unabdingbar für unsere Identität. Fehlt die nötige Bestätigung, kann es zu schweren seelischen Störungen kommen.

Unterrichtsverlauf

Die Unterscheidung von Inhalts- und Beziehungsaspekt erfolgt am Anfang der Stunde mit Hilfe von M 20. Nach einer stillen Lektüre werden die Aussagen des Textes überprüft und die gewonnenen Einsichten durch die Bearbeitung der M 20 beigefügten Arbeitshinweise vertieft.
In ähnlicher Weise wird die Natur von Beziehungskonflikten deutlich gemacht. Die Lektüre des Textes auf M 21 führt an die Problematik theoretisch heran, mit Hilfe der beigefügten Fragen wird das Verständnis konkretisiert und an einem Beispiel überprüft.
Zum Abschluß wird die Relevanz unserer Beziehungsdefinitionen für unser Selbst-Bewußtsein hervorgehoben. Auf der Grundlage von M 22 wird über die notwendigen Konsequenzen, die diese Einsicht für unsere alltäglichen Gespräche haben muß, diskutiert.

Phase 1:
Was heißt Beziehungsaspekt?

Die Schüler lesen den Text von M 20 *(Die Inhalts- und Beziehungsaspekte der Kommunikation)* in Einzelarbeit. In diesem Text wird die Unterscheidung von Inhalts- und Beziehungsaspekt einer Kommunikation eingeführt. Der Lehrer sollte anschließend die Schüler fragen, ob irgendwelche Verständnisschwierigkeiten aufgetreten sind. Auch wenn dies nicht der Fall ist, empfiehlt es sich, den Ausdruck *Inhaltsaspekt* kurz zu erläutern. Bei dem Perlenbeispiel besteht der Inhaltsaspekt darin, daß über die Halskette und ihre Echtheit gesprochen wird; beim Fahrschulbeispiel spricht der Fahrlehrer über die Kupplung und ihre Betätigung. Dieser Inhalt (also Referenz und Prädikation) wird jeweils in einer bestimmten Beziehung mitgeteilt (fragend, belehrend, usw.).
Im Anschluß an die Klärung möglicher Verständnisschwierigkeiten ist Arbeitshinweis 1 im Unterrichtsgespräch zu behandeln. Dabei sind folgende Punkte anzusprechen:
- mit einer Informationsfrage definiert A sich selbst hinsichtlich eines bestimmten Wissens gegenüber B als unterlegen, B dagegen als vermutlich kompetent und als bereit, Antwort zu geben. Eine Ausnahme bilden Prüfungsfragen, die keine „echten“ Fragen sind,
- mit Ratschlägen stellt sich A aufgrund bestimmter Erfahrungen als überlegen dar, unabhängig davon, ob der Rat auf Anfrage oder ungefragt erfolgt,
- wer lobt, definiert sich als sachverständig genug, über die fragliche Handlungsweise urteilen zu können. Hinsichtlich des Wissens über die Richtigkeit einer Handlung stellt der Lobende sich über den Gelobten, zumindest auf die gleiche Stufe. Deshalb muß man beispielsweise lächeln, wenn man als Erwachsener von einem kleinen Kind gelobt wird.

Solche Beziehungsdefinitionen können unter Umständen unangenehm werden. Der Befragte darf sich einerseits als anerkannt, ja „überlegen“ betrachten. Dieses

Gefühl ist wohltuend, und so kann man beispielsweise Freude auf dem Gesicht dessen beobachten, den man in einer fremden Stadt nach dem Weg fragt. Der Befragte kann sich andererseits jedoch auch verunsichert fühlen, weil er Wissenslücken zugeben müßte oder weil er nicht als überlegen eingestuft werden möchte. Eine Reaktion der Ablehnung ist dann zu konstatieren. Er könnte deshalb die Beziehungsdefinition zurückweisen: *Frag jemand anderen!* Er könnte die Definition auch ausdrücklich zurückweisen: *Du solltest nicht glauben, daß ich in allem Bescheid weiß. Das ist zwar ehrend für mich, aber unzutreffend.* Auch ein ungefragter Ratschlag oder ein anmaßendes Lob ließen sich durch direkte Zurückweisung der Beziehungsdefinition ablehnen: *Ich halte dich nicht für kompetent genug, mir Ratschläge zu erteilen* oder *Ich verlasse mich lieber auf mein eigenes Urteil.*

Die Arbeitshinweise 2 und 3 sollten von den Schülern eigenständig bearbeitet werden. Dies ist möglich in Form von Einzelarbeit, arbeitsgleicher oder arbeitsteiliger Gruppenarbeit. Bei Arbeitshinweis 2 sollte das folgende Resultat erreicht werden:

- ist die Frage von A ernst gemeint, definiert sie B als überlegen. B kann A zu der gewünschten Information über die Perlen verhelfen; sowohl Frage als auch Antwort weisen B als überlegen aus,
- wenn A bereits weiß, daß die Perlen echt sind, verschafft sie B die Gelegenheit, sich selbst auf angenehme Weise darzustellen. Durch die Feststellung ihres wertvollen Besitzes kann B sich als aus der Masse der Habenichtse herausragend definieren,
- wenn A bereits weiß, daß die Perlen unecht sind, impliziert diese Frage eine Aufforderung zur Selbstabwertung. B muß, wenn sie die Frage wahrheitsgemäß beantwortet, ihre Mittellosigkeit und damit ihre Inferiorität zugeben.

Bei der Besprechung der Ergebnisse der Einzelarbeit besteht die Möglichkeit, diesen Punkt eingehender zu behandeln. Es könnte diskutiert werden, wie B auf eine solche Frage reagieren kann; mögliche Reaktionen sind:

- B reagiert überhaupt nicht und spricht mit jemand anderem,
- sie lächelt nur über die Frage,
- sie lacht A aus: *Das fragen Sie im Ernst?*
- sie lügt: *Natürlich sind die Perlen echt!*
- sie antwortet: *Auf solchen Parties trage ich doch nicht meinen echten Schmuck!*

Bei Arbeitshinweis 3 sollten die folgenden Punkte erwähnt werden: Im ersten Fall handelt es sich um eine ehrlich gemachte Feststellung, mit der ein Rat gegeben wird. Der Fahrlehrer definiert den Schüler als natürlicherweise uninformiert und unerfahren, aber durchaus als lernfähig. Nur wenn man daran glaubt, daß der Rat befolgt werden kann, wird man ihn überhaupt geben.

Im zweiten Fall, der ironischen, weil ins Gegenteil formulierten Anweisung, entfällt genau dieser zweite Teil der Beziehungsdefinition: Wahrscheinlich hat der Schüler zum wiederholten Male das Kupplungspedal zu schnell losgelassen. Der Lehrer definiert ihn in seiner Verärgerung nicht nur als noch unerfahren, sondern geradezu als unrettbar lernunfähig. Obwohl der Schüler schon häufig belehrt wurde, macht er wieder denselben Fehler.

Phase 2:
Symmetrische und asymmetrische Beziehungen/Beziehungskonflikte

Die Schüler lesen den Text von M 21 *(Symmetrie und Asymmetrie von Beziehungen)* und bearbeiten Arbeitshinweis 1 in Einzelarbeit schriftlich. Dieser Text führt an die Unterscheidung von symmetrischen und komplementären bzw. asymmetrischen Beziehungen heran. Zentrales Unterscheidungsmerkmal der beiden Beziehungsaspekte ist, daß bei einer symmetrischen Beziehung beide Seiten grundsätzlich die gleichen Sprechakte machen können, bei einer asymmetrischen Beziehung die möglichen Sprechakte den Gesprächspartnern zugeteilt und nicht wechselseitig austauschbar sind. Bei einer asymmetrischen Beziehung ordnet der eine an, der andere führt aus, der eine argumentiert, der andere stimmt zu. Bei einer symmetrischen Beziehung argumentieren beide. Auf der Grundlage dieser Einsichten sollten die Schüler bei der Einzelarbeit zu den folgenden Resultaten kommen:

- Sprechakte wie Fragen, Behaupten, usw. beinhalten eine asymmetrische Beziehung, weil sie selten von beiden Gesprächspartnern wechselseitig gemacht werden können. Tadelt beispielsweise der Lehrer den Schüler wegen einer schlechten Leistung, so ist es nicht möglich, daß dieser Tadel auch vom Schüler ausgesprochen werden kann,
- für das Verhältnis von Mutter und Kind, Arzt und Patient, Lehrer und Schüler sind vor allem die appellativen und deskriptiven Sprechakte, die eine asymmetrische Beziehung implizieren, typisch, z. B. Befehlen, Auffordern, Beweisen, Fragen, Raten, Loben, Tadeln, usw.,
- Kommunikation von Mutter und Kind, Arzt und Patient, Lehrer und Schüler ist dann symmetrisch, wenn beide Gesprächspartner die gleichen Sprechakte machen können. So könnten beispielsweise Mutter und Kind sich wechselseitig beraten, Lehrer und Schüler auf der gleichen Ebene argumentieren, Arzt und Patient bei der Krankheitssuche gemeinsam Symptome beschreiben.

Nach Besprechung der Einzelarbeit sollte Arbeitshinweis 2 im Unterrichtsgespräch behandelt werden. Asymmetrische Beziehungen können durchaus sinnvoll und richtig sein. So muß man zuweilen der Autorität des Arztes vertrauen und seinen Anordnungen gehorchen. Asymmetrische Beziehungen laufen aber immer Gefahr, zu Beziehungskonflikten zu führen. In Arbeitshinweis 2 wird ein einfaches Beispiel für einen solchen Beziehungskonflikt angeführt. Bei dem Unterrichtsgespräch über dieses Beispiel sollten die folgenden Punkte behandelt werden: Der Streit der beiden Freunde hat offensichtlich seinen Ursprung darin, daß jeder versucht, sich gegenüber dem jeweils anderen als der Erfolgreichere, für den Geld beinahe keine Rolle mehr spielt, auszuzeichnen. Im Rahmen dieses Essens ist dies vor allem durch den Nachweis kulinarischer Weitgereistheit und durch die lässige Übernahme der Rechnung zu erreichen (Die Beziehungsdefinition wird hier also teilweise durch eine nonverbale Handlung angestrebt).
Der Streit ist deshalb nicht zu lösen, weil beide dasselbe für sich erreichen wollen: den Nachweis der Überlegenheit. Darüber hinaus streiten sie sich auf der falschen Ebene, nämlich der Inhaltsebene. Es geht aber nicht darum, wer zum Zahlen berechtigt ist. Gelöst werden könnte die Spannung nur dadurch, daß einer der beiden den anderen in seiner Egozentrik akzeptiert oder daß beide sich selbst zum Lachen finden.
Das Thema ihrer Unterhaltung ist leicht zu erraten: Jeder wird wohl seine Erfolge und seinen sozialen Status als überlegen zu beschreiben versucht haben, womit er den noch stärkeren Gegenzug des Freundes herausgefordert haben dürfte.
Zur Vertiefung der Thematik kann der Lehrer, wenn es ihm geraten erscheint, den Schülern die Aufgabe stellen, ein ähn-

liches Beispiel eines Beziehungskonfliktes zu schildern, d. h. eine Situation, in der Personen vordergründig auf der Inhaltsebene streiten, hintergründig aber ihre wechselseitige Beziehung definieren. Derartige Beispiele müssen nicht einmal konstruiert werden. Jeder Schüler, der aufrichtig seine bisher abgelaufenen Kommunikationsformen überdenkt, wird irgendwann einmal an sich selbst diese Erfahrung gemacht haben.

Phase 3:
Die Notwendigkeit von Beziehungsdefinitionen/Die Bedeutung der Kommunikation für das Ichbewußtsein

Der Text auf M 22 *(Über die Notwendigkeit von Beziehungsdefinitionen)* zeigt, daß es für die seelische Stabilität jedes einzelnen nötig ist, kommunikativ zu erfahren, wer er ist. Unsere Identität ist sozusagen durch unsere Spiegelbilder, die wir von anderen erhalten, konstituiert. Jeder strebt wohl danach, in der Gemeinschaft als zumindest gleichwertig zu gelten. Die Erfahrung allerdings, völlig unbeachtet zu bleiben, also nicht einmal in eine wie auch immer beschaffene Kommunikation treten zu können, wäre sicherlich noch schlechter zu ertragen als von anderen als unterlegen definiert zu werden.
Im Anschluß an die Lektüre von M 22 sollten die Schüler zur Überprüfung ihres Verständnisses die wichtigsten Aspekte des Textes in eigenen Worten wiedergeben. Im anschließenden Unterrichtsgespräch sollte die Frage aufgeworfen werden, ob aus diesen Einsichten praktische Konsequenzen gezogen werden können, insbesondere, auf welche Weise und mit welchen Sprechakten man anderen die so notwendige Bestätigung vermitteln kann. Als Sprechakte wären zu nennen: Um Rat fragen (statt selbständig zu entscheiden), jemanden zu bitten (statt es selbst zu besorgen), sich nach der Meinung erkundigen (statt sich nur auf sein eigenes Urteil zu verlassen), jemandem zustimmen (statt ihn zu kritisieren), ein Angebot annehmen (statt es ablehnen), jemanden verteidigen (statt ihn anzugreifen), einen Vorschlag machen (anstelle einer Aufforderung), usw.
Mit solchen Sprechakten kann dem Gegenüber eine Beziehungsdefinition vermittelt werden, die ihm zeigt, daß er als gleichwertig, ja sogar vorübergehend als überlegen eingestuft wird.
Schwieriger zu beantworten ist dagegen die Frage, wie man Menschen begegnen soll, die ständig nach Bestätigung gieren bzw. sich diese ständig zu verschaffen suchen. Soll man ihr Bedürfnis befriedigen und ihnen die Rolle zubilligen, nach der sie streben, auf die Gefahr hin, daß man hier ein Faß ohne Boden füllt, oder wäre es besser, ihnen ihr Verhalten bewußt zu machen? Diese Frage kann hier nicht eindeutig entschieden werden. Es scheint jedoch nach der Einsicht in die Bedeutung von Beziehungsdefinitionen zumindest möglich, das Verhalten solcher Leute besser zu verstehen und sich ihnen gegenüber bewußter zu verhalten.

Stundenziele

Die Schüler sollen
- den Inhalts- und Beziehungsaspekt einer Kommunikation unterscheiden können,
- erkennen, daß Beziehungen in der Kommunikation symmetrisch oder asymmetrisch verlaufen,
- erkennen, wie durch asymmetrische Beziehungen Beziehungskonflikte entstehen können,
- diese Einsichten auf die Interpretation von Gesprächssituationen anwenden,

- beurteilen, welche Rolle die Kommunikation für die Identität des Individuums spielt.

8. Stunde: Untersuchung von Beziehungskonflikten

Die in den vorhergegangenen Stunden gewonnenen Einsichten werden in dieser Stunde auf die Untersuchung und Interpretation von Kommunikationen verwendet. Bei der Untersuchung von sprachlichen Interaktionen wird unter anderem beschrieben, auf welche Weise die Gesprächspartner sich auf der Inhalts- und Beziehungsebene verhalten.
Auf den ersten Blick scheinen alle Gespräche auf der Inhaltsebene abzulaufen, Konsens und Dissens in der Kommunikation allein vom verhandelten Inhalt abzuhängen. Kommunikation kann durchaus auf diese Weise stattfinden, d. h. die Gesprächspartner sind sich einig in ihrer Beziehungsdefinition, und mögliche Unstimmigkeiten liegen ausschließlich auf der Inhaltsebene. In alltäglichen Gesprächssituationen ist der andere Fall jedoch weitaus häufiger, daß die Gesprächspartner sich auf der Beziehungsebene uneins sind und Streitigkeiten aus diesem Bereich auf die Inhaltsebene verlagern. Die Gesprächspartner streiten sich dann fälschlicherweise auf der Inhaltsebene, ohne zu erkennen, daß es ihnen gar nicht um die eigentlichen austauschbaren (inhaltlichen) Streitpunkte geht.
In dem Text auf M 23 *(Meinungsverschiedenheiten, 1)* wird dargelegt, wie manche Dispute um die Richtigkeit einer These nur geführt werden, um durch das Rechthaben die eigene überlegene Position festzustellen. Wenn diese Überlegenheit von der anderen Seite anerkannt wird, ist das angestrebte Ziel für den „Gewinner" erreicht. Beanspruchen jedoch beide Seiten die überlegene Position, oder ist keine Seite bereit, eine Überlegenheit der anderen zuzugeben, kann es zu einer Kette von Streitigkeiten auf der Inhaltsebene kommen, ohne daß ein Ende der Konflikte in Sicht wäre. Eine Lösung könnte nur durch die Beseitigung der Konfusion von Inhalts- und Beziehungsaspekt erreicht werden.
Im Mittelpunkt der Stunde steht die Beschreibung und Erklärung von Streitgesprächen, bei denen sich die Gesprächspartner über den eigentlichen Grund ihrer Auseinandersetzung weitgehend im Unklaren befinden. Diese Konflikte sollen aber nicht nur erklärt werden. Wichtig ist ebenso die Suche nach Lösungsmöglichkeiten.

Unterrichtsverlauf

Die Schüler lesen den Text von M 23. Durch diesen Text soll deutlich werden, welche Rolle der Beziehungsaspekt bei vielen Streitigkeiten über die verschiedensten Fragen spielt. Gerade hinter Streitigkeiten, die sich immer von neuem entwikkeln, steckt meist ein ungeklärter Beziehungskonflikt, bei dem jede der Streitparteien eine Festlegung der Beziehungsdefinition zu ihren Gunsten, also gegen die Wünsche des anderen, zu erreichen versucht.
Der Besprechung von M 23 im Unterrichtsgespräch folgt die Anwendung der dort gewonnenen Einsichten. M 24 enthält zwei weitere Beispiele von Meinungsverschiedenheiten, die scheinbar auf der Inhaltsebene liegen, den ungeklärten Beziehungsaspekt jedoch als eigentlichen Grund haben. Das erste Beispiel wird ge-

meinsam behandelt, das zweite Beispiel sollte zur Lernkontrolle von den Schülern in Einzelarbeit bewältigt werden.

Phase 1:
Meinungsverschiedenheiten

Die Schüler lesen den Text von M 23. Die dem Text beigefügten Arbeitshinweise sind anschließend im Unterrichtsgespräch zu behandeln. Dabei sollten die folgenden Punkte angesprochen werden: Bei den im Text erwähnten ideologischen Auseinandersetzungen (Arbeitshinweis 1) geht es nicht allein um die korrekte Auslegung von Marx (Inhalt), sondern vor allem um den Versuch beider Seiten, sich durch die angemessenere Exegese gegenüber dem Widersacher als der bessere Marxist zu definieren (Beziehungsaspekt). Beide Aspekte sind vermischt, wobei der wichtigere Beziehungsaspekt im Hintergrund bleibt.
Ähnliches können wir in unserem Alltag beobachten (Arbeitshinweis 2). Nur wenn zwischen den Partnern auf der Beziehungsebene eine stabile Einigkeit besteht, sind die gewöhnlichen Streitfragen durch den Beweis der Richtigkeit einer der beiden Ansichten ohne Folgeprobleme zu meistern. Haben die Partner aber ihre Beziehung noch nicht im gegenseitigen Einverständnis (als symmetrisch oder asymmetrisch) stabilisiert, dürfte der Streit sich an anderen Inhalten wiederholen. Da ein Beweis die größere Kompetenz des einen zeigt, fühlt sich der andere geradezu gezwungen, die für ihn unerträgliche Zurücksetzung durch ein Rechthaben in anderer Sache zumindest zu kompensieren.
Dies erklärt auch die Eskalation vieler Streitigkeiten (Arbeitshinweis 3). Die Lösung (Arbeitshinweis 4) kann nur in einer Einigung der Partner darüber bestehen, ob sie ihr Verhältnis in seinen verschiedenen Feldern jeweils als symmetrisch oder als asymmetrisch betrachten wollen.

Phase 2:
Eine Meinungsverschiedenheit aufgrund eines Beziehungskonfliktes

Die Schüler lesen das erste Beispiel von M 24 *(Meinungsverschiedenheiten, 2)* still durch und versuchen allein oder mit dem Nachbarn die dem Beispiel beigefügten Arbeitshinweise zu beantworten. Im Unterrichtsgespräch werden die Ergebnisse, die folgende Gestalt haben können, überprüft:
In ihrem Streit über eine inhaltliche Frage *(War es richtig, den Freund einzuladen?)* sind sich die Partner, wie sich später herausstellt, eigentlich über die Richtigkeit der Einladung völlig einig. Deshalb geht der Streit entgegen dem ersten Anschein gar nicht um diese inhaltliche Frage, sondern darüber, ob einer von beiden das Recht habe, eine Entscheidung ohne die vorausgehende Zustimmung des anderen zu treffen (Arbeitshinweis 1). Die Auseinandersetzung führt zu keiner Einigung, weil sie an der eigentlichen Streitfrage vorbeigeht (Arbeitshinweis 2).
Eine Lösung würde die Fähigkeit voraussetzen, über die Natur ihrer Beziehung zu sprechen und die gegenseitigen Rechte abzustecken, so daß bei einer Entscheidung des einen nicht gleich das Selbstbewußtsein des anderen in Frage gestellt sein müßte (Arbeitshinweis 3).

Phase 3:
Selbständige Interpretation eines Beziehungskonfliktes

Das zweite Beispiel von M 24 sollten die Schüler in schriftlicher Einzelarbeit interpretieren. Zum einen soll so an einem einfachen Beispiel selbständiges Analysieren von Gesprächen geübt werden, zum anderen kann auf diese Weise das bisher erworbene Verständnis überprüft werden. Bei der Einzelarbeit sollten die Schüler zu den folgenden Resultaten gelangen: Der plötzliche Ausbruch des Physikers B ist nur durch die Banalität der Feststellung von A zu verstehen. Wenn A gegenüber B eine derartige Binsenwahrheit feststellen zu müssen glaubt, definiert er dadurch implizit B als jemanden, der als Physiker nicht einmal über die einfachsten Kenntnisse verfügt. Eine solche Herabstufung kann B selbstverständlich nicht gelten lassen (Arbeitshinweis 1).

A hat ganz einfach die von ihm mit seiner Feststellung mitgelieferte Definition von B nicht bedacht. Er scheint auch nicht zu bedenken, daß B in diesem Punkt sensibel sein könnte (Arbeitshinweis 1).

Die Heftigkeit der Reaktion von B läßt vermuten, daß A auch schon vorher seine Profilierung auf Kosten von B betrieben hat, indem er ihn durch entsprechende Sprechakte wissen ließ, daß er im Vergleich zu ihm (A) als unterlegen gelten müsse (Arbeitshinweis 2). Dies dürfte auch die Ursache der eingangs erwähnten Spannungen zwischen den beiden gewesen sein.

Der Konflikt wäre nur zu lösen durch eine ausdrückliche Thematisierung der Beziehung. Es müßte geklärt werden, auf welchen Gebieten Symmetrie oder Asymmetrie gelten solle. Dies könnte unter Umständen für die Beteiligten mit nur schwer erträglichen Selbsterkenntnissen verbunden sein, die eine solche Lösung außerordentlich erschweren dürften (Arbeitshinweis 3).

Stundenziele

Die Schüler sollen
- erkennen, wie Meinungsverschiedenheiten in der Kommunikation als ungeklärte Beziehungsdefinitionen zu verstehen sind,
- diese Einsicht auf Gesprächssituationen anwenden können,
- beurteilen, welche Lösungsmöglichkeiten es für solche Meinungsverschiedenheiten in der Kommunikation gibt.

9. Stunde: Sprache ohne Worte

Wenn wir uns äußern wollen, bedienen wir uns in der Hauptsache einzelner Wörter. Wir artikulieren Laute bzw. Lautketten, also Wörter, die nach syntaktischen Regeln miteinander kombiniert sind. Selten verwenden wir diese Ausdrucksformen allein, ohne dabei mit anderen Menschen in Kommunikation zu treten. Sobald wir aber in einer Kommunikation Inhalte auf diese Weise übermitteln, tun wir es in einer bestimmten Beziehung zu unserem Gegenüber. Jeder Sprechakt impliziert bestimmte Annahmen über die jeweilige Situation und den Gesprächspartner.

Damit der Gesprächspartner unsere Äußerung als Sprechakt richtig versteht, wenden wir eine Reihe von Mitteln an, mit denen wir die Sprechakt-Rolle unserer Äußerung verdeutlichen können, z. B. Satzform, Intonation oder bestimmte Wörter wie „hoffentlich“, „vermutlich“, usw.

Komplexe Gedanken und Inhalte sind nur verbal gegeben und mitteilbar, doch bedeutet dies nicht, daß jede Kommunikation auch nur verbal stattfinden kann. Kein guter Schauspieler darf lediglich seinen Text aufsagen, ohne gestisch und mimisch auf der nonverbalen Ebene gleich-

sam mitzusprechen. Gerade die Art und Weise, wie beispielsweise eine Behauptung ausgesprochen wird, entscheidet oft, ob sie als bloße Feststellung gemeint ist oder vielleicht als Warnung, Drohung, Aufforderung, usw.
Kommunikation kann aber auch ohne Worte stattfinden. Hebe ich beispielsweise den Hut, dann bedeutet dies einen Gruß, ein Wink mit dem Finger kann beispielsweise ebenso ein Verbot sein wie eine komplizierte verbale Äußerung. Daneben ist die Sprache des ganzen Körpers zu beachten. Der Gang, die Haltung des Kopfes, usw. sagen oft mehr als Worte.
Viele unserer nonverbalen Ausdrucksformen haben mit verbalen Äußerungen gemeinsam, daß sie nach bestimmten Regeln verwendet werden und damit konventioneller Art sind. Das Heben des Hutes als Gruß könnte beispielsweise einer anderen Abmachung zufolge durch eine andere Geste ersetzt werden, etwa durch das Heben eines Beins. Ein Unterschied zu verbalen Äußerungen besteht jedoch darin, daß ein Großteil der nonverbalen Ausdrucksformen nicht einfach von uns nach willkürlichen Regeln festgelegt sind. Eine geballte Faust, ein Lächeln oder ein bestimmtes Verziehen des Mundes sind so universelle Äußerungsformen, daß es schwer fällt, sie auf einen Lernprozeß zurückzuführen. Sie scheinen eher angeboren zu sein und dürften aus einer relativ frühen Entwicklungsphase der menschlichen Gattung stammen.
Für eine angemessene Beschreibung von Gesprächen ist folglich die Berücksichtigung der nonverbalen Mittel unabdingbar. Den Schülern werden in dieser Stunde Formen und Funktion der außerverbalen Kommunikation verdeutlicht. In dem Text auf M 25 *(Digitale und analoge Kommunikation)* weist Watzlawick auf die grundlegenden Unterschiede zwischen verbaler (digitaler*) und nonverbaler (analoger) Kommunikation hin. Während die verbalen Ausdrücke mit Ausnahme der sogenannten onomatopoetischen (lautmalerischen) keinerlei Entsprechung in dem von ihnen Bezeichneten haben und somit rein willkürlich sind, weisen viele nonverbalen Ausdrücke eine Entsprechung (Analogie) zu dem von ihnen Ausgedrückten auf. Auf der einen Seite hat etwa das Wort *Fisch* keinerlei besondere Beziehung zu Fischen, weist nichts Fischartiges auf. Auf der anderen Seite gehören bestimmte Gesten einfach untrennbar zu einer bestimmten Gefühlshaltung, sie können gar nicht anders sein, und sie entsprechen ihr. Schimpfen ohne eine entsprechende beschleunigte Ausdrucksweise ist ebenso undenkbar, wie eben zu anderen Sprechakten eine ruhige und besänftigende gehört.

Ein weiterer Unterschied von verbalen und nonverbalen Ausdrucksformen besteht in ihrer Verwendung in der Kommunikation. Digitale (verbale) Kommunikationsmittel dienen vor allem der Übermittlung von Inhalten, analoge (nonverbale) in der Regel der Mitteilung von Beziehungen. Beispiele hierfür sind in dem Text von M 25 angeführt.

Unterrichtsverlauf

In einer Hinführung zum Thema der Stunde, die Unterscheidung zwischen verbaler und nonverbaler Kommunikation hinsichtlich Ausdrucksformen und Funktion

---

* Nach dem englischen digits (Zahlen). In digitalen Rechnern werden bestimmte Zahlen bestimmten Informationen willkürlich zugeordnet. Genau diese willkürlichen Regeln sind bei der Festlegung, wie Wörter der natürlichen Sprache verwendet werden, auch der Fall.

sowie der Art, wie diese Ausdrucksmittel Bedeutung erlangt haben, werden einige von den Schülern selbst vorgeschlagene nonverbale Äußerungen besprochen.
Im Anschluß daran erfolgt nach der Lektüre des Textes von M 25 die Bearbeitung dieses Textes mit Hilfe einer beigefügten klassifikatorischen Übersicht.

Phase 1:
Nonverbale Ausdrucksformen

Auf das Thema der Stunde kann auf zweifache Weise hingeführt werden. Der Lehrer führt selbst einige nonverbalen Äußerungen vor; er schwenkt beispielsweise sein Taschentuch als Zeichen des Abschieds oder hebt den Zeigefinger als Zeichen einer Warnung. Er fragt dann die Schüler, was diese Ausdrucksformen bedeuten, und fordert die Schüler auf, andere Beispiele zu finden, die an der Tafel mit ihrer Bedeutung notiert werden.
Eine andere Möglichkeit der Hinführung ist, daß der Lehrer nur fragt: *Wer kann sprechen, ohne Wörter zu verwenden?* und die Schüler selbst Beispiele finden läßt, allenfalls eine fragend-entwickelnde Hilfestellung gibt. Auch hier werden die genannten Beispiele mit ihrer Bedeutung an der Tafel notiert.
Die an der Tafel notierten Beispiele sind dann im Unterrichtsgespräch nach zwei Gesichtspunkten zu untersuchen:
- die Schüler sind zu fragen, ob bei den Beispielen ein Inhalt gedanklicher Art oder eine Beziehungsdefinition übermittelt wird. In allen genannten Beispielen handelt es sich nicht um das, was wir gemeinhin als Aussage bezeichnen, sondern in jedem Beispiel geht es darum, eine bestimmte Beziehung zum Gegenüber zum Ausdruck zu bringen,
- die Schüler sind zu fragen, wie es kommt, daß wir die einzelnen Zeichen verstehen, ob wir ihre Bedeutung erlernt haben. Die o. a. Beispiele sind konventioneller Art. Es gibt aber andere Ausdrucksformen, bei denen die Konventionalität nicht so sicher ist, z. B. das wütende Schütteln der geballten Faust oder das erschreckte Hände-vors-Gesicht-Halten. Diese Beispiele sollte der Lehrer anführen, falls sie von den Schülern nicht genannt wurden. Die Schüler sollen dabei erkennen, daß diese Zeichen universell und wohl kaum erlernt sind, sondern eher biologischen Verhaltensmustern entsprechen.

Phase 2:
Die Unterscheidung zwischen digitaler und analoger Kommunikation

Die Schüler lesen den Text von M 25. In diesem Text geht es um die Unterscheidung von verbaler (digitaler) und nonverbaler (analoger) Kommunikation. Zur Erleichterung können vor der Lesephase die Termini *digital* und *analog* erläutert werden. Ein Straßenschild mit der Aufschrift *Zum Stadion* ist beispielsweise so etwas wie eine digitale Information, ein Schild mit der Abbildung eines Balles oder eines Stadions wäre dagegen eine analoge Information. Im Anschluß an die Lektüre übertragen die Schüler das Schema zu M 25 auf ein Blatt und füllen in Einzelarbeit die leeren Spalten aus. Welche Inhalte die Übersicht nach der Bearbeitung haben sollte, zeigt die Tabelle auf S. 71.

Die Ergebnisse der Einzelarbeit werden abschließend verglichen und gegebenenfalls berichtigt bzw. ergänzt.

Hausaufgabe

Zur Anwendung der gewonnenen Unterscheidungen sollte nun eines der nachfolgenden Anwendungsbeispiele als schriftliche Hausaufgabe gestellt und in der näch-

	digitale Kommunikation	analoge Kommunikation
Ausdrucksformen (Welche Ausdrucksmöglichkeiten stehen zur Verfügung?)	Wörter und syntaktische Fügungen von Wörtern zu Sätzen (auch Schriftsprache)	vor allem Gestik, Mimik, Stimmführung, Intonation, Lautstärke, Geschwindigkeit, usw.
Überwiegende Funktion (Wozu dient diese Form der Kommunikation überwiegend?)	Übermittlung eines Inhalts	Übermittlung einer Beziehungsdefinition
Bedeutungsherkunft (Woher haben die Ausdrucksmittel ihre Bedeutung?)	Die Bedeutung ist durch willkürliche Konvention festgelegt	eher nicht konventionell, teilweise angeborene Verhaltensweisen

sten Stunde besprochen werden. Wegen ihrer Anschaulichkeit und des relativ geringen Schwierigkeitsgrades ist als erstes Übungsbeispiel Aufgabe 1 (R. Brambach, Känsterle) zu empfehlen.

Stundenziele

Die Schüler sollen
- die Bedeutung nonverbaler Kommunikation erkennen,
- die Hauptfunktionen verbaler und nonverbaler Ausdrucksmittel unterscheiden,
- die konventionelle und nichtkonventionelle Bedeutungsherkunft verbaler und nonverbaler Ausdrucksformen unterscheiden.

Vorschläge für vertiefende Anwendungsübungen und zur Leistungskontrolle

Im folgenden werden einige Textbeispiele angeboten, die mit Hilfe der beigefügten Arbeitshinweise von den Schülern selbständig bearbeitet werden können. Dies kann sowohl im Rahmen schriftlicher Hausaufgaben wie auch im Unterricht geschehen. Die Aufgaben lassen sich jedoch ebenso zur Leistungskontrolle bei Klausuren oder Klassenarbeiten verwenden.

Die angebotenen Übungsbeispiele haben exemplarischen Charakter. Was hier geübt wird, ließe sich ebenso gut an anderen Texten zeigen. Dies bedeutet auch, daß die hier gewonnene Betrachtungsweise grundsätzlich auch bei der Behandlung jeder Art von Texten im Deutschunterricht Anwendung finden sollte.

Um den exemplarischen Charakter der nachfolgenden Übungsbeispiele zu verdeutlichen, haben wir ganz unterschiedliche Textarten angeboten: eine Erzählung, ein Romanauszug, dramatische Dialoge und Alltagsbeispiele stehen zur Auswahl. Dabei sind absichtlich auch Texte herangezogen, die im Unterricht häufiger behandelt werden oder aus einzelnen Unterrichtswerken bekannt sind.

Wie schon bei den Übungen am Ende des ersten Teils dieser Stundenblätter ist auch hier auf methodische Hinweise oder Stundenbeschreibungen verzichtet. Stattdessen bieten wir kurze Erwartungshorizonte zu den Arbeitshinweisen, die die Lösungen der Schüler leichter einstufbar machen sollen.

Aufgabe 1: Rainer Brambach, Känsterle

Wallfried Känsterle, der einfache Schlosser, sitzt nach Feierabend vor dem Fernsehschirm. Wo denn sonst? – Tagesschau, Wetterkarte; die Meisterschaft der Gewichtheber interessiert Känsterle.

„Mach den Ton leiser, die Buben schlafen!“ ruft Rosa, die in der Küche Geschirr gespült hat und nun hereinkommt.

Känsterle gehorcht.

„Es ist kalt draußen“, plaudert sie, „wie gut, daß wir Winterfenster haben. Nur frisch anstreichen sollte man sie wieder einmal. Wallfried, im Frühjahr mußt du unbedingt die Winterfenster streichen. Und kitten muß man sie! Überall bröckelt der Kitt. Niemand im Haus hat so schäbige Winterfenster wie wir! Ich ärgere mich jedesmal, wenn ich die Winterfenster putze. Hast du gehört?“

„Ja, ja“, sagte Känsterle abwesend.

„Was macht denn der da?“ fragt Rosa und deutet auf den Fernsehschirm. „Der könnte seine Kraft auch für was Besseres gebrauchen! Stell das doch ab, ich hab mit dir zu reden!“

„Gleich, gleich!“ sagt Känsterle und beugt sich etwas näher zum Schirm.

„Herr Hansmann im Parterre hat im letzten Sommer seine Winterfenster neu gekittet und gestrichen, obwohl es gar nicht nötig war. Nimm dir mal ein Beispiel an Herrn Hansmann! Seine ganzen Ferien hat er drangegeben. So ein ordentlicher Mann ... Übermorgen ist Sankt Nikolaus. Erinnerst du dich an Herrn Weckhammer? Ich hab heut im Konsum seine Frau getroffen, ganz in Schwarz. Der alte Weckhammer ist umgefallen, beim Treppensteigen, Herzschlag.“

Känsterle drückt auf die Taste ‚Aus‘.

„Ein Trost“, fängt Rosa wieder an, „daß die Weckhammerschen Kinder aus dem Gröbsten raus sind. Die Witwe fragt, ob wir den Nikolaus gebrauchen könnten. Eine Kutte mit Kaninchenfell am Kragen, schöner weißer Bart, Stiefel, Sack und Krummstab, alles gut erhalten. Nur vierzig Mark will sie dafür, hat sie gesagt. Mein Mann wird kommen und ihn holen, hab ich da gesagt. Nicht wahr, Wallfried, du wirst Paul und Konradle die Freude machen?“

Känsterle schaut auf die matte Scheibe.

„Wallfried!“ ruft Rosa.

„Aber Rosa“, murmelt Känsterle hilflos, „du weißt doch, daß ich nicht zu so was tauge. Was soll ich denn den Buben sagen? Ein Nikolaus muß ein geübter Redner sein! Muß gut und viel sprechen ...“

Rosa glättet mit der Hand das Tischtuch und schüttelt den Kopf, wobei der Haarknoten, trotz des Kamms, der ihn wie ein braunes Gebiß festhält, eigensinnig wackelt.

„Vermaledeiter Stockfisch!“ zischt sie. „Nicht einmal den eignen Buben willst du diese Freude machen! Dabei hab ich schon im Konsum Nüsse, Datteln, Feigen, ein paar Apfelsinen und alles eingekauft!“

Känsterles Gemüt verdüstert sich. Er denkt an das schwere, ihm aufgezwungene Amt.

Eine verstaubte Glühbirne wirft trübes Licht. Känsterle steht auf dem Dachboden; er verwandelt sich zögernd in einen Weihnachtsmann. Die Kutte, die den Hundertkilomann Weckhammer einst so prächtig gekleidet hat, ist dem gedrungenen Känsterle viel zu geräumig. Er klebt den Bart an die Ohren. Sein Blick streift die Stiefel, und dabei versucht er sich an die Füße Weckhammers zu erinnern. Er zerknüllt ein paar Zeitungen und stopft sie in die steinharten Bottiche. Obwohl er zwei Paar grobwollene Socken anhat, findet er noch immer keinen rechten Halt. Er zieht die Kapuze über den Kopf, schwingt den vollen Sack über die Schulter und ergreift den Krummstab.

Der Abstieg beginnt. Langsam rutscht ihm die Kapuze über Stirn und Augen; der Bart verschiebt sich nach oben und kitzelt seine Nase. Känsterle sucht mit dem linken Fuß die nächste Treppenstufe und tritt auf den Kuttensaum. Er beugt den Oberkörper vor und will den rechten Fuß vorsetzen; dabei rollt der schwere Sack von der Schulter nach vorn, Mann und Sack rumpeln in die Tiefe.
Ein dumpfer Schlag.
In Känsterles Ohren trillert's.
Ein Gipsfladen fällt von der Wand.
„Oh! Jetzt hat sicher der Nikolaus angeklopft!" tönt Rosas Stimme hinter der Tür. Sie öffnet und sagt: „Mein Gott ... was machst du denn da am Boden? Zieh den Bart zurecht, die Kinder kommen!"
Känsterle zieht sich am Treppengeländer hoch, steht unsicher da. Dann holt er aus und versetzt Rosa eine Backpfeife. Rosa heult auf, taumelt zurück; Känsterle stampft ins Wohnzimmer, reißt Rosas Lieblingsstück, einen Porzellanpfauen, von der Kommode und schlägt ihm an der Kante den Kopf ab. Dann packt er den Geschirrschrank; er schüttelt ihn, bis die Scherben aus den Fächern hageln. Dann fliegt der Gummibaum samt Topf durch ein Fenster und ein Winterfenster; auf der Straße knallt es.
„Er schlachtet die Buben ab!" kreischt Rosa durchs Treppenhaus. Auf allen Stockwerken öffnen sich Türen. Ein wildes Gerenne nach oben. Man versammelt sich um Rosa, die verdattert an der Wand steht und in die offene Wohnung zeigt. Als erster wagt sich Herr Hansmann in die Stube, betrachtet die Zerstörungen; ein Glitzern kommt in seine Augen, und er sagt:
„Mein lieber Känsterle, ist das alles?"
Elend hockt der Weihnachtsmann im Sessel, während Paul und Konradle unter dem Sofa hervorkriechen.
Ein kalter Wind zieht durch die Stube.

(Rainer Brambach, Känsterle, in: R. B., Für sechs Tassen Kaffee, © 1972 by Diogenes Verlag AG, Zürich, S. 37ff.)

Arbeitshinweise:

1. Geben Sie eine Beschreibung des Gesprächs vor dem Fernseher (Z 1–72):
   a) Welche Sprechakte macht die Frau?
   b) Welche Beziehung bringt sie dadurch zum Ausdruck?
   c) Akzeptiert der Mann die Beziehungsdefinition?
2. Warum will Känsterle nicht Nikolaus spielen? Welche Wirkung hat die Szene mit der Nikolaus-Kutte für Känsterle (Z 73–106)?
3. Erklären Sie Art und Sinn des gewaltsamen Vorgehens von Känsterle!
4. Beurteilen Sie die Reaktion des Herrn Hansmann! Berücksichtigen Sie dabei die Schilderung, die Rosa früher von Hansmann gegeben hat.

Aufgabe 2: Martin Walser, Partyrituale

(Der Handelsvertreter Anselm Kristlein ist Teilnehmer einer Abendgesellschaft. Sehr schnell werden ihm die Regeln klar, nach denen die Konversation abläuft.)

Und Herr Neeff, der eine Unmenge von Listen zu verwalten hatte, der die ganze in Frage kommende Welt auf Listen verteilt hatte, der mit einem Wink immer die zusammenrief, die auf einer Liste standen, die also zusammenpassen mußten, Herr Neeff war es, der mir, flüsternd [...] ins Ohr hinein bekanntgab, daß ich auf der Abendliste stünde, daß ich geladen sei zu Frantzkes Künstlerparty, denn Frantzke, der Mäzen, und Frau Frantzke, die

Mäzenin, umgäben sich am Abend wieder mit Künstlern, bloß dürfe ich nichts verlauten lassen, solange noch die Banausen und Manager herumwimmelten, da wir doch wenigstens am Abend ganz unter uns sein wollten.

Mich nahm niemand an der Hand, kein Stab wurde dreimal aufs Parkett gestoßen, keiner rief meinen Namen, ganz allein mußte ich eintreten in den Großen Salon der Forstenweg-Villa, und ich war nicht beschützt von zwei Dutzend Schicksalsgenossen wie die feineren Mädchen in New York und London, ganz allein hatte ich meinen Auftritt zu bestehen, denn Edmund, Lambert, Jerzy Pawel, alle eilten, geheimnisvollen, gewissermaßen chemischen Kräften folgend, zu ihren Gruppen und Grüppchen, und die Valenzen all dieser Gruppen schienen damit gesättigt zu sein, ein Neuzugang konnte nur noch stören. Die Rollen waren verteilt. Ich mußte mir eine Rolle suchen, die noch von keinem anderen gespielt wurde, die aber doch angenehm hineinpaßte in das Stück, das im Großen Salon der Frantzke-Villa immer wieder gespielt wurde. In den ersten zehn Minuten hatte ich natürlich Lampenfieber, weil ich dachte, alle müßten spüren, daß ich keinen Text parat hatte, aber ich hatte den Eifer der Agierenden unterschätzt. Es genügte zuzuhören. Die waren gar nicht so versessen auf meine Mitwirkung. Wenn ich mich einem Grüppchen näherte, einen halben Schritt außerhalb dieses Grüppchens stehenblieb und tat, als sei ich durch den Text, den gerade einer hersagte, von einem Ziel abgelenkt worden, als könne ich nicht anders als diesem Redner zuzuhören, dann spürte ich, wie er seine Stimme ein wenig anhob, mich in seine Gesten einbezog und mir dadurch eine Aufenthaltsgenehmigung erteilte, die mir warm durch alle Glieder strömte. Man war zu mir sogar freundlicher als zu den alten Zuhörern. Eine Art Glück überfiel mich, als in mir dieses Bewußtsein meiner neuen Notwendigkeit dämmerte. Da ich nun einmal zur Überheblichkeit neige, dachte ich: diese Aufführung lebt von Neuzugängen wie du einer bist. Die Hoffnung, je selbst eine Sprechrolle spielen zu dürfen, gab ich auf. Die Sprechrollen schienen seit langem vergeben zu sein. Sprechen durfte nur, wer so formulieren konnte, daß jeder Satz Lächeln, Gruseln oder Abscheu hervorrief, auf jeden Fall irgend etwas, das den Gesichtern der Zuhörenden Gelegenheit gab, sich zu verändern. Weil aber doch in der Welt kaum mehr etwas passiert, was die Gemüter so erfahrener Leute hätte noch wirklich bewegen können, deshalb war es allein der Fähigkeit des Sprechenden aufgetragen, aus dem ewig gleichen Weltstoff etwas Komisches oder etwas Erschütterndes zu fabrizieren. Deshalb hatte sich wohl im Lauf der Jahre eine natürliche Auslese vollzogen: die, die formulieren konnten, hatten die Sprechrolle behalten, die anderen waren zum Chor geworden. Und die Sprechenden hatten natürlich ihre Fähigkeiten von Aufführung zu Aufführung verbessert, sie waren andauernd im Training, jeder hatte so zu sprechen, daß das Grüppchen, das er um sich hatte, nicht abwanderte zu einem Konkurrenten, der gerade ein brüllendes Gelächter in der anderen Salonecke zustandegebracht hat; dieses Gelächter verlockt natürlich seine Zuhörer, schon wenden sie die Köpfe hinüber, und wenn er nicht in den nächsten zehn Sekunden eine todsichere Pointe landet, laufen sie ihm gar weg, also landet er unter allen Umständen, ganz egal, worüber er spricht, in den nächsten zehn Sekunden eine todsichere Pointe und hat jetzt, inmitten des aufbrausenden Gelächters seiner Gruppe, die Genugtuung, daß die Köpfe von mindestens drei anderen Grüppchen sich sehnsüchtig zu seinem kleinen Königreich hin-

drehen. Nichts Schlimmeres kann ihm passieren, als daß einer aus seinem Chor plötzlich vorschlägt: gehen wir doch einmal zu Dieckow hinüber, der ist heute wieder einmal irrsinnig in Form. Eine Zehntelsekunde der Unschlüssigkeit, des Nachlassens genügt, und er wird von seiem Chor hinübergezogen zu Dieckow, er muß mit seinem Chor den Dieckowschen Chor verstärken, und damit Dieckows Position, denn er kann nicht allein in seiner Ecke stehenbleiben, seine Niederlage würde noch viel deutlicher, es ist schon besser, er ergreift noch einmal die Initiative und führt, als sei es sein Entschluß, seine Gruppe dem Diekowschen Kreis zu, nur in dieser Verzweiflungstat liegt noch Hoffnung, nur so kann er den Sieg über Dieckow vorbereiten; als Dieckow-Zuhörer nämlich kann er den Augenblick abpassen, in dem Dieckow einen Fehler macht. Vielleicht erzählt Dieckow eine Geschichte, die er schon einmal erzählt hat, vielleicht überspitzt er die Pointe so sehr, daß man ihm eine Lüge nachweisen kann, dann beginnt der Gegenschlag, dann beginnt die Szene, die für den Chor den wahren Genuß eröffnet: der Zweikampf zwischen zwei Rednern, der dann meistens auch noch andere Gruppen, andere Redner anzieht, zum Dreikampf wird und schließlich zum Streit aller Sprechrollen gegeneinander. Jetzt hat der Chor seine große Stunde, er darf richten über Sieg und Niederlage der Sprechrollen, der Chor kann das Gefühl genießen, um dessentwillen er den ganzen Abend lang zugehört hat, das Gefühl, daß er allein den Ausschlag gibt.
(Aus: Martin Walser, Halbzeit, Frankfurt 1960, S. 583 ff.)

Arbeitshinweise:

- Inwieweit bestehen zwischen den verschiedenen Teilnehmern symmetrische oder asymmetrische Beziehungen?
- Welche Rolle spielen bei den verschiedenen Gästen die verbalen und nonverbalen Kommunikationsmittel?
- Bestimmen Sie das Verhältnis von Inhalts- und Beziehungsaspekt bei den Sprecherrollen und den Chormitgliedern!
- Gibt es Dominierende und Dominierte?

Aufgabe 3: Paul Watzlawick, Elterntherapie

1. Das Problem: Ein junges Paar kommt in Ehetherapie, da die Frau sich nicht länger mit der übermäßigen Abhängigkeit des Mannes von seinen Eltern abfinden kann (er ist ihr einziges Kind, 30 Jahre alt, beruflich erfolgreich und daher finanziell unabhängig). [. . .] Zeit seines Lebens haben ihm seine Eltern nicht nur alles Notwendige gegeben, sondern ihn außerdem in jeder nur denkbaren Weise verwöhnt (ein Bankkonto, teure Kleidung und Autos, eine ausgezeichnete Ausbildung, weite Reisen usw.). Wie er angibt, hat er seit langem den Punkt erreicht, an dem jedes weitere Geschenk die bereits drückende Last seiner Dankesschuld noch unerträglicher macht. Gleichzeitig weiß er aber auch, wie bitter die Eltern seine Abweisung ihrer ständigen, unerwünschten Hilfe kränken würde, denn ihrer Auffassung nach ist dauerndes Geben sowohl die rechte Haltung als auch die größte Befriedigung „guter“ Eltern.
Die Eltern waren über die Wahl seines Ehepartners nicht sehr begeistert, doch bot ihnen die Heirat sofort zusätzliche Anlässe zu massiven Interventionen in das Leben der jungen Leute. So wählten sie das Haus und leisteten die Anzahlung, obwohl die beiden ein kleineres, beschei-

deneres Heim in einem anderen Stadtteil weit vorgezogen hätten. Die Eltern trafen auch alle Entscheidungen über die Innenausstattung des Hauses und sogar die Bepflanzung des Gartens. Sie beschafften das sehr kostspielige Mobiliar und ließen so dem jungen Paar praktisch keine Wahl, ihr eigenes Heim so zu gestalten, wie sie es gern getan hätten. Viermal jährlich kommen die Eltern, die in einer 2500 Kilometer entfernten Stadt leben, auf je drei Wochen zu Besuchen, die das junge Paar zu fürchten gelernt hat. Die Eltern übernehmen den Haushalt in jeder Hinsicht; die junge Frau wird aus der Küche verbannt, während die Schwiegermutter alle Mahlzeiten zubereitet und dazu Berge von Lebensmitteln einkauft; sie wäscht alles Waschbare und stellt die Möbel um, während der Vater die beiden Wagen wäscht und überholt, Laub zusammenrecht, das Gras mäht, Bäume beschneidet, pflanzt und jätet. Wenn alle vier ausgehen, zahlt der Vater unweigerlich für alle Ausgaben.

2. Die bisherigen Lösungsversuche: [...] Diese Versuche führen zu lächerlichen Szenen in der Öffentlichkeit, so etwa, wenn sowohl die Mutter als auch die Schwiegertochter eine Verkäuferin beschwören, ihr Geld und nicht das der anderen anzunehmen, oder wenn Vater und Sohn buchstäblich um die Restaurantrechnung ringen, sobald der Kellner sie zum Tisch bringt. Um das drückende Gefühl ihrer Dankesschuld wenigstens etwas zu entlasten, hat das junge Paar auch versucht, den Eltern nach ihrem Besuch ein teures Geschenk zu schicken – mit dem einzigen Erfolg, daß sie postwendend von diesen ein noch teureres erhielten. Beide fühlten sich dann verpflichtet, dieses Geschenk an gut sichtbarer Stelle im Haus aufzustellen, und wurden damit um ein weiteres Memento dessen reicher, was sie nur zu gern vergessen möchten. Je mehr sie sich bemühen, ein Mindestmaß an Unabhängigkeit zu erreichen, desto mehr bemühen sich die Eltern, ihnen zu „helfen" [...].

[3.] Die Intervention: [...] Da einer ihrer vierteljährlichen Besuche bevorstand, wurde dem jungen Paar folgende [...] Taktik empfohlen: Bis zum letzten Besuch hatten sie ihr Äußerstes getan, den Eltern so wenig Anlaß wie möglich zum Putzen, Ändern und Verbessern zu geben. Diesmal sollten sie mit der Reinigung des Hauses einige Tage vor dem Eintreffen der Eltern aufhören, ein Größtmaß an Schmutzwäsche ansammeln lassen, die Autos nicht mehr reinigen und ihre Benzinbehälter fast leer lassen, den Garten vernachlässigen und die Küchenvorräte möglichst völlig aufbrauchen. Irgendwelche Schäden (wie tropfende Wasserhähne, ausgebrannte Glühbirnen und dergleichen) sollten sie nicht beheben; ferner sollten sie nicht nur nicht versuchen, die Eltern am Bezahlen für Lebensmittel, Restaurantrechnungen, Theaterkarten, Benzin usw. zu hindern, sondern sollten in aller Ruhe darauf warten, daß die Eltern ihre Brieftaschen zückten und alle diese Ausgaben beglichen. Der Frau wurde besonders aufgetragen, schmutziges Geschirr in der Küche ansammeln zu lassen und zu warten, bis es die Mutter wasche; der Mann sollte nach dem Heimkommen und an den Wochenenden lesen oder fernsehen, während der Vater in Garten oder Garage fleißig arbeitete. Gelegentlich sollte er den Kopf zur Tür hinausstekken und sich freundlich nach dem Fortschritt dieser Arbeit erkundigen. Vor allem wurde es ihnen untersagt, irgendeinen Versuch zu unternehmen, die Eltern davon überzeugen zu wollen, daß sie (das junge Paar) ein Recht auf ihre Unabhängigkeit hatten. Sie hatten alles, was die

Eltern für sie taten, als Selbstverständlichkeit anzunehmen und ihnen dafür nur sehr flüchtig zu danken.
[...] So führten sie denn wenigstens einen Teil der Instruktionen aus, und als sie zwei Wochen später zur nächsten Sitzung kamen, berichteten sie, daß die Eltern ihren Besuch abgebrochen hätten. Vor der Abreise hatte der Vater seinen Sohn zur Seite genommen und es ihm freundlich, aber unmißverständlich klargemacht, daß er und seine Frau viel zu verwöhnt wären, sich anscheinend vollkommen daran gewöhnt hätten, von den Eltern bedient und versorgt zu werden und daß es nun höchste Zeit sei, sich als Erwachsene zu benehmen und weniger von ihnen abzuhängen.
(Aus: Paul Watzlawick u. a., Lösungen, Bern 1974, S. 142 ff.)

Arbeitshinweise:

- Erklären Sie das Verhalten der Eltern und erläutern Sie, warum das junge Paar darüber unglücklich ist! (Berücksichtigen Sie den Beziehungsaspekt.)
- Warum schlugen die bisherigen Lösungsversuche fehl?
- Wie ist der plötzliche Erfolg der neuen Taktik zu erklären?
- Könnte man aus diesem Fallbeispiel eine allgemeine Verhaltensregel für junge Leute in ähnlicher Lage ableiten? (Wenn ja: Formulieren Sie einen Merksatz.)

Aufgabe 4: Paul Watzlawick, Die Angst vor dem Reden

Ein gutes Beispiel ist die Angst vor öffentlichem Sprechen. Was der Betreffende am meisten fürchtet, ist, daß er seine Nervosität nicht werde meistern können und sie ihn schließlich vor seinen Zuhörern überwältigen wird. Seine Lösungsversuche laufen daher vor allem auf Selbstbeherrschung und auf Verheimlichung [...] hinaus: er versucht, sich „zusammenzunehmen" und das Zittern seiner Hände zu verbergen, mit klarer, fester Stimme zu sprechen, entspannt zu erscheinen usw. Je nervöser er wird, desto mehr nimmt er sich zusammen, und je mehr er sich zusammennimmt, desto nervöser wird er. Obwohl „es" noch nie passiert ist, „weiß" er, daß es das nächste Mal passieren wird, und er kann sich die bevorstehende Blamage in allen Einzelheiten vorstellen.
Es wird dem Betroffenen zur Auflage gemacht, seine Aussprache mit der Bemerkung einzuleiten, daß er äußerst nervös sei und sein Lampenfieber ihn wahrscheinlich überwältigen werde. Diese Verhaltensverschreibung kommt einer völligen Veränderung seiner bisherigen Lösungsversuche gleich. Statt sein Symptom zu verheimlichen, macht er es publik.
(Aus: Paul Watzlawick u. a., Lösungen, Bern 1974, S. 159)

Arbeitshinweise:

- In welchem Verhältnis stehen Inhalts- und Beziehungsaspekt seines Vortrages beim Nervösen?
- Erklären Sie die Auswirkungen der gemachten Auflage auf den Beziehungsaspekt!
- Könnte diese Lösungstechnik auch auf andere Gebiete angewandt werden?

Aufgabe 5: Georg Büchner, Woyzeck (Der Hauptmann. Woyzeck)

Der Hauptmann. Woyzeck

HAUPTMANN *auf einem Stuhl,* WOYZECK *rasirt ihn.*

HAUPTMANN: Langsam, Woyzeck, langsam, ein's nach dem andern. Er macht mir ganz schwindlich. Was soll ich dann mit den zehn Minuten anfangen, die Er heut zu früh fertig wird? Woyzeck, bedenk' Er, Er hat noch seine schöne dreißig Jahr zu leben, dreißig Jahr! macht 360 Monate, und Tage, Stunden, Minuten! Was will Er denn mit der ungeheuren Zeit all anfangen? Theil Er sich ein, Woyzeck.

WOYZECK: Ja wohl, Herr Hauptmann.

HAUPTMANN: Es wird mir ganz angst um die Welt, wenn ich an die Ewigkeit denke. Beschäftigung, Woyzeck, Beschäftigung! ewig das ist ewig, das ist ewig, das siehst du ein; nun ist es aber wieder nicht ewig und das ist ein Augenblick, ja, ein Augenblick – Woyzeck, es schaudert mich, wenn ich denk, daß sich die Welt in einem Tag herumdreht, was n'e Zeitverschwendung, wo soll das hinaus? Woyzeck, ich kann kein Mühlrad mehr sehn, oder ich werd' melancholisch.

WOYZECK: Ja wohl, Herr Hauptmann.

HAUPTMANN: Woyzeck Er sieht immer so verhetzt aus. Ein guter Mensch thut das nicht, ein guter Mensch, der sein gutes Gewissen hat. – Red' Er doch was Woyzeck. Was ist heut für Wetter?

WOYZECK: Schlimm, Herr Hauptmann, schlimm; Wind.

HAUPTMANN: Ich spür's schon, s' ist so was Geschwindes draußen: so ein Wind macht mir den Effect wie eine Maus. *(Pfiffig.)* Ich glaub' wir haben so was aus Süd-Nord.

WOYZECK: Ja wohl, Herr Hauptmann.

HAUPTMANN: Ha! ha! ha! Süd-Nord! Ha! Ha! Ha! O Er ist dumm, ganz abscheulich dumm. *(Gerührt.)* Woyzeck, Er ist ein guter Mensch, ein guter Mensch – aber *(mit Würde)* Woyzeck, Er hat keine Moral! Moral das ist wenn man moralisch ist, versteht Er. Es ist ein gutes Wort. Er hat ein Kind, ohne den Segen der Kirche, wie unser hochehrwürdiger Herr Garnisonsprediger sagt, ohne den Segen der Kirche, es ist nicht von mir.

WOYZECK: Herr Hauptmann, der liebe Gott wird den armen Wurm nicht drum ansehn, ob das Amen drüber gesagt ist, eh' er gemacht wurde. Der Herr sprach: Lasset die Kindlein zu mir kommen.

HAUPTMANN: Was sagt Er da? Was ist das für n'e kuriose Antwort? Er macht mich ganz confus mit seiner Antwort. Wenn ich sag: Er, so mein ich Ihn, Ihn.

WOYZECK: Wir arme Leut. Sehn Sie, Herr Hauptmann, Geld, Geld. Wer kein Geld hat. Da setz eimal einer seinsgleichen auf die Moral in die Welt. Man hat auch sein Fleisch und Blut. Unseins ist doch einmal unseelig in der und der andern Welt, ich glaub' wenn wir in Himmel kämen so müßten wir donnern helfen.

HAUPTMANN: Woyzeck Er hat keine Tugend, Er ist kein tugendhafter Mensch. Fleisch und Blut? Wenn ich am Fenster lieg, wenn's geregnet hat und den weißen Strümpfen so nachsehe wie sie über die Gassen springen, – verdammt Woyzeck, – da kommt mir die Liebe. Ich hab auch Fleisch und Blut. Aber Woyzeck, die Tugend, die Tugend! Wie sollte ich dann die Zeit herumbringen? ich sag' mir immer: Du bist ein tugendhafter Mensch, *(gerührt)* ein guter Mensch, ein guter Mensch.

WOYZECK: Ja Herr Hauptmann, die Tugend! ich hab's noch nicht so aus. Sehn

Sie, wir gemeine Leut, das hat keine Tugend, es kommt einem nur so die Natur, aber wenn ich ein Herr wär und hätt ein Hut und eine Uhr und eine anglaise und könnt vornehm reden, ich wollt schon tugendhaft seyn. Es muß was Schöns seyn um die Tugend, Herr Hauptmann. Aber ich bin ein armer Kerl.

HAUPTMANN: Gut Woyzeck. Du bist ein guter Mensch, ein guter Mensch. Aber du denkst zuviel, das zehrt, du siehst immer so verhetzt aus. Der Diskurs hat mich ganz angegriffen. Geh' jetzt und renn nicht so; langsam hübsch langsam die Straße hinunter.

Arbeitshinweise:

- Vergleichen Sie die Sprechakte, die der Hauptmann und Woyzeck ausführen!
- Bestimmen Sie das Verhältnis von Inhalts- und Beziehungsaspekt in den Dialoganteilen des Hauptmanns!

Aufgabe 6: Friedrich Schiller, Maria Stuart 3. Akt, 4. Szene (Der Streit der Königinnen)

Vorgeschichte:
Maria Stuart ist Königin von Schottland. Wegen der Ermordung ihres Ehemannes wurde sie ihres Thrones beraubt. Sie flieht zu Elisabeth, der englischen Königin. Elisabeth sieht in Maria eine gefährliche Anwärterin auf den englischen Thron. Sie nimmt Maria gefangen und läßt sie zum Tode verurteilen. Lord Leicester, einem Günstling Elisabeths, gelingt es, eine Begegnung der beiden Königinnen herbeizuführen, nach der Elisabeth Maria begnadigen soll. Von dieser Begegnung handelt die 4. Szene im 3. Akt. (Der Text wird hier nicht abgedruckt, da er jedem Lehrer zugänglich ist.)

Arbeitshinweise:

1. Beschreiben Sie den ersten Teil des Gesprächs der beiden Königinnen:
   - Welche Sprechakte machen Elisabeth und Marie vornehmlich?
   - Wie unterstreichen die Regieanweisungen Schillers diese Sprechakte?

2. Welche wechselseitigen Beziehungsdefinitionen von Elisabeth und Maria kommen in diesen Sprechakten zum Ausdruck?
   - Wie will Maria ihre Beziehung zu Elisabeth definieren?
   - Wie will Elisabeth ihre Beziehung zu Maria definieren?
   - Beschreiben Sie in dem gesamten Dialog die Äußerungen der beiden Königinnen, die ihre Redeabsichten bestätigen.

3. Das Gespräch zwischen Elisabeth und Maria endet unversöhnlich:
   - Beschreiben Sie, wie die beiden Königinnen immer mehr aneinander geraten.
   - Welche Sprechakte treten dabei in den Vordergrund?
   - Bestimmen Sie die Gründe für den unversöhnlichen Streit der beiden Königinnen im Hinblick auf ihren Beziehungsaspekt!

4. Wie hätte das Gespräch versöhnlich ausgehen können? Beschreiben Sie Lösungsmöglichkeiten im Beziehungskonflikt von Elisabeth und Maria.

Zu Aufgabe 1: Rainer Brambach, Känsterle

1a) Es fällt sofort auf, daß fast nur die Frau redet. Die meisten ihrer Äußerungen haben den Charakter von direkten oder indirekten Aufforderungen gegenüber ihrem Gatten. Sie fordert ihren Mann beispielsweise auf, den Ton des Fernsehers leiser zu stellen oder das Gerät ganz abzustellen. Aber auch eine anscheinend harmlose Feststellung wie diejenige über die kalte Witterung bekommt sofort indirekten, später direkten Aufforderungscharakter: Weil Rosa sich über die schäbigen Winterfenster ärgert (Feststellung), muß Wallfried sie streichen und kitten. Ihre Aufforderung, Wallfried solle sich ein Beispiel an Herrn Hansmann nehmen, impliziert einen Vergleich, bei dem Rosa ihren Mann als weniger ordentlich bewertet.

Mit dem Kauf des Nikolausgewandes hat sie zudem vorab entschieden, daß ihr Mann den Nikolaus spielen wird. Die Aufforderung *Nicht wahr, Wallfried, du wirst Paul und Konradle die Freude machen?* ist trotz der Form einer Frage um nichts weniger nachdrücklich. Rosas Repertoire beschränkt sich jedoch nicht auf Befehle und Bewertungen, bei denen ihr Gatte schlecht abschneidet. Als Wallfried auch nur die Spur von Widerstand andeutet, wird er als „vermaledeiter Stockfisch" beschimpft.

1b) Alle Sprechakte Rosas dienen dazu, die asymmetrische Beziehung zu ihrem Gatten, die sie implizieren, herauszustellen und zu stabilisieren. Ständig beansprucht sie eine beinahe absolut überlegene Position: Sie ordnet an, was ihr Gatte zu tun hat, sie entscheidet – ohne ihn zu fragen – vorab, daß Wallfried Nikolaus spielen wird. Ihr steht es zu, die Fernsehsendung, die ihr Mann betrachtet, als Unsinn abzutun, was auch in dieser Hinsicht ihre überlegene Urteilskraft zeigen soll. Sie hat die richtigen Maßstäbe, weshalb es ihr auch zusteht, ihren Mann als unordentlich abzuwerten. Rosa zeigt, daß sie an alles denkt und voraus plant. Sie definiert sich als denkende Vorhut, an der gemessen ihr Gatte allenfalls als ein schwerfällig arbeitendes ausführendes Organ einzustufen ist.

Alle Sprechakte Rosas, auch wenn sie in gewissem Umfang variieren, beinhalten eine asymmetrische Beziehung und dienen dazu, die überlegene Position Rosas deutlich zu machen und zu festigen.

1c) Känsterle versucht, den für ihn unerträglichen Definitionen seiner Gemahlin durch Weghören und durch die Flucht vor den Fernseher zu entgehen. Dabei ist seine Bewunderung für die starken Männer (Gewichtheber) sicher kein Zufall. Den Anordnungen Rosas gehorcht er letztlich immer, wenngleich er durch die verzögerte Ausführung mancher Aufträge zumindest einen letzten Rest Selbstbestimmung und Symmetrie anzudeuten versucht. Durch sein Nachgeben akzeptiert und verstärkt Känsterle die Asymmetrie der Beziehung, insbesondere dadurch, daß er seiner Frau auch noch die Möglichkeit bietet, seinen schwachen Widerstand demonstrativ zu brechen.

2) Wer versucht, wofür er nicht geeignet ist, setzt sich der Gefahr der Blamage aus. Genau der erzwungenen und vor-

hersehbaren Peinlichkeit, als Nikolaus eine komische Figur abgeben und sich dadurch auch noch selbst abwerten zu müssen, versucht Känsterle anfangs durch seinen Widerspruch zu entgehen.
Als er auf dem Dachboden das Nikolausgewand anlegt, merkt er, wie klein und schwächlich er ist, gemessen zumindest am früheren Träger der Kutte. Die Kette seiner Demütigungen erreicht ihren vorläufigen Höhepunkt, als Känsterle wegen der Übergröße seines Gewandes die Treppe hinunterfällt und sich anschließend buchstäblich auf den Knien vor seiner sofort wieder in Kommandoton verfallenden Frau wiederfindet. Nachdem er ohnehin schon ständig von seiner Gattin als minderwertig behandelt wurde, hat sie ihn nun auch noch dazu gebracht, sich selbst lächerlich zu machen. Damit ist die Grenze der Erträglichkeit selbst für Känsterle erst einmal überschritten.

3) Känsterles Reaktion ist zum einen lediglich Ausdruck hilfloser Wut. Aber gerade in diesem Zustand der Wut ist er andererseits auch in der Lage, auf seine Weise zumindest für einen kurzen Zeitraum die Asymmetrie seiner Beziehung zu Rosa aufzuheben und umzukehren. Da er nicht in der Lage ist, sich verbal als überlegen zu erweisen, etwa indem er Rosa die ganze Liste ihrer Fehler vorhält, ist seine Reaktion nichtsprachlicher Art. Durch seinen Kraftakt, insbesondere durch sein Vorgehen gegen Rosas Lieblingsstücke, zeigt er, daß er der Stärkere ist. Dieser Aufstand gegen die festgefahrene Einseitigkeit dauert jedoch nicht lange. Als die Wut vorbei ist, sitzt Känsterle als Häufchen Elend im Sessel, wohl ahnend, daß die Strafe folgen wird.

4) Herr Hansmann wird im ersten Teil als ein besonders ordentlicher Nachbar dargestellt, den Rosa ihrem Mann als Vorbild schildert, weil er seine ganzen Ferien zur Restaurierung der Winterfenster verwendet hat. Man kann hier nur spekulieren, ob Rosa nicht auf Frau Hansmann neidisch ist, die ihren Mann vor allen Augen offenbar noch besser „im Griff" zu haben scheint, als Rosa das mit ihrem Wallfried gelingt.
Daß Herr Hansmann nach dem Eklat in der Känsterleschen Wohnung als erster auftaucht und angesichts der angerichteten Zerstörungen ein Glänzen in den Augen hat, könnte darauf hindeuten, daß er sich über die Eskalation der Gewalt bei Känsterles freut. So ist auch seine Enttäuschung *Mein lieber Känsterle, ist das alles?* zu verstehen. Er hätte wohl nicht ungern gesehen, daß es nicht nur bei Gewalt gegen Sachen geblieben wäre. Eine verprügelte Frau Känsterle wäre vielleicht als ein abschreckendes Beispiel für seine eigene Frau gut gewesen. So aber entfällt diese Möglichkeit.

Zu Aufgabe 2: Martin Walser, Partyrituale

Die Gäste lassen sich in zwei Gruppen teilen, deren Rollen komplementär verteilt sind. Auf der einen Seite steht die kleine Gruppe der Sprecher. Ihre Beziehung untereinander ist symmetrisch, denn alle haben dieselben Möglichkeiten, ihr Publikum an sich zu binden. Die Palette der von ihnen anwendbaren Sprechakte ist nicht begrenzt.
Das Verhältnis der Sprecher zu den Chormitgliedern ist dagegen asymmetrisch.

Der Sprecher erzählt, der Chor bestätigt durch seine Aufmerksamkeit die Fähigkeiten des Sprechers, nämlich durch seinen gekonnten Vortrag von Allerweltsgeschichten Darbietungen von hohem Unterhaltungswert zu schaffen. Genau diese Fähigkeit dürfte bei den Chormitgliedern verkümmert sein. Sie reagieren lediglich auf die Sprechdarbietungen durch Lachen, Äußerungen des Gruselns, der Abscheu, usw.

Alle Chormitglieder haben untereinander und gegenüber dem Sprecher dieselben Möglichkeiten. Ebenso symmetrisch sind die Verhältnisse zwischen den verschiedenen Chören. Jedes Gruppenmitglied hat die Möglichkeit, seine Gruppe zu verlassen und sich einer anderen anzuschließen. Bei den Sprechern sind sowohl verbale als auch nonverbale Ausdrucksmittel von Bedeutung. Zuerst einmal erzählen sie Geschichten (verbale Kommunikation), doch dürften gerade die analogen Mittel der Darbietung über Erfolg oder Mißerfolg der Darbietung entscheiden (nonverbale Kommunikation). Bei den Mitgliedern des Chores spielen verbale Mittel eine zweitrangige Rolle. Man kann sich allenfalls vorstellen, daß sie den Sprecher von Zeit zu Zeit darum bitten, weiterzuerzählen, eine Geschichte zu wiederholen, usw. Um so bedeutsamer sind ihre nonverbalen Ausdrucksformen: Alles, was sie den Sprechern mitzuteilen haben, läßt sich nonverbal ausdrücken. Ein Lachen oder gespanntes Zuhören bestätigt beispielsweise dem Sprecher den Erfolg seiner Bemühungen. Drehen sie den Kopf einer anderen Gruppe zu, so geben sie ihrem Sprecher kund, daß nur das baldige Anbringen einer Pointe ihn noch retten kann. Einer totalen Vernichtung kommt das Weggehen zu einer anderen Gruppe gleich.

Weder den Sprechern noch den Zuhörern geht es primär um Inhalte. Die Geschichten erscheinen austauschbar gegen andere. Was allein zählt, ist die Art der Darbietung, die Fähigkeit, „aus dem ewig gleichen Weltstoff etwas Komisches oder Erschütterndes zu fabrizieren". Durch diese Art ihrer Darbietung erreichen die Sprecher das Ziel ihrer Erzählungen. Sie können sich als verbale Platzhirsche hervortun und ihre den gewöhnlichen Besuchern gegenüber hervorgehobene Position verdeutlichen. Nur sie sind in der Lage, eine ganze Gesellschaft zu unterhalten, nur ihnen ist ein derartiges Übermaß an Begabung, Witz und dergleichen zuteil geworden. Auch der Chor hat vor allem Beziehungsdefinitionen zu übermitteln; er akzeptiert oder verwirft die von den Sprechern angestrebte Beziehungsdefinition.

Auf den ersten Blick dominieren die Sprecher. Sie haben das Recht zur Rede, die Chormitglieder dagegen können diese Rollen wegen mangelnder Kompetenz nicht übernehmen. Die Sprecher stehen im Mittelpunkt, die Chormitglieder gehören zu einer weitgehend amorphen Masse.

Allerdings ist die von den Sprechern angestrebte Position auch im Augenblick des Erfolges instabil und wegen der Konkurrenz der Sprecher untereinander immer gefährdet. Am deutlichsten wird diese Gefahr, wenn der eigene Chor sich einem anderen Sprecher zuwendet und damit die erwünschte Beziehung aufzukündigen droht, den Sprecher als den besten, charmantesten, unterhaltsamsten, usw. anzuerkennen. So sind es die Sprecher, die alles gewinnen, aber auch alles verlieren können. Über ihr Schicksal entscheidet letztendlich der Chor.

Zu Aufgabe 3: Paul Watzlawick u. a., Elterntherapie

Die Eltern wollen subjektiv sicher nur das Beste für ihre Kinder. Gerade dadurch machen sie es jedoch dem jungen Paar unmöglich, über sich selbst zu bestimmen und sich endlich als erwachsen und den Eltern gleichwertig zu erfahren.
Die Eltern gefallen sich darin, an der asymmetrischen Beziehung festzuhalten, die sie zu ihrem Sohn schon immer unterhielten und die sie wohl zur Aufrechterhaltung einer für sie selbst angenehmen Eigendefinition benötigen. Obwohl sie das nicht zugeben würden, nützt ihre selbstlose Art vor allem ihnen selbst. Indem sie ständig Entscheidungen für die jungen Leute treffen, ihnen alles Mögliche bezahlen und ihnen alle Arbeiten abnehmen, stellen sie sich selbst das beste, den jungen Leuten dagegen ein denkbar schlechtes Zeugnis aus: Sie – die Eltern – sind es, die die richtigen Entscheidungen zu treffen verstehen, die das Geld zum Einrichten eines Hauses besitzen, sie sind es, die Ordnung in Haus und Garten schaffen. Damit bringen die Eltern aber auch immer zum Ausdruck, daß genau diese ihre Fähigkeiten ihren Kindern abgehen.
So versuchen die Eltern mit ihrem ganzen Arsenal von Wohltaten immer auch sich selbst Gutes zu tun. Sie schaffen sich ständig auf Kosten ihrer Kinder den Rang der Überlegenheit und bringen das junge Paar in die auf Dauer unerträgliche Lage, unmündige Kinder bleiben zu müssen.
Die jungen Leute wollen ihre Unabhängigkeit erreichen, also die bisherige Asymmetrie durch Symmetrie ersetzen. In gewisser Weise setzen ihre Abwehrversuche aber auf der falschen, der Inhaltsebene an: So anständig es sein mag, sich für die reichen Geschenke zu bedanken, so falsch ist es, wenn man deren Bedeutung berücksichtigt. Ebenso ist ein Streit darüber, wer eine Rechnung im Restaurant bezahlen darf, eine Auseinandersetzung auf der Inhaltsebene, die dem Problem nicht gerecht wird.
Gerade dadurch, daß das junge Paar sich bei den Eltern mit ebenso aufwendigen Geschenken bedankt (und damit zum Ausdruck bringt: „Seht, das können wir auch!“), beginnt ein Spiel ohne Ende. Die von den Jungen angestrebte Symmetrie verstößt ja gegen das Selbstverständnis der Alten, die die bisherige Ungleichheit wiederherstellen, indem sie die bisherigen Mittel einfach steigern. So machen sie klar, daß immer noch sie es sind, die letztlich bezahlen, schenken, planen und wirklich großzügig sind. Eine Eskalation ohne Ende ist abzusehen.
Die angestrebte Lösung erscheint auf den ersten Blick paradox. Das junge Paar scheint sich durch Befolgen der verordneten Taktik ja noch tiefer in die Abhängigkeit von den Eltern zu begeben. Durch die nunmehr übertriebene, geradezu schamlose Inanspruchnahme der elterlichen Hilfe wird es den Eltern jedoch unmöglich, die angestrebte Beziehungsdefinition auf dem bisherigen Weg aufrechtzuerhalten. Jede Arbeit im Haushalt der Kinder führt nämlich jetzt zur gegenteiligen Asymmetrie, bei der die Jungen in der oberen Position sind. Während die Eltern schwitzend das verkommene Haus und den ungepflegten Garten in Ordnung bringen und ihr Geld zur Verbesserung des Lebensstandards des jungen Paares opfern, genehmigt sich dieses ein leichtes Leben. Die Eltern werden zu Dienstboten degradiert, die Jungen geben sich genießerisch und sorglos dem Lebensstil von Herrenmenschen hin, die andere für sich arbeiten lassen können.
Unter diesen Vorausetzungen wird das alte Spiel der Eltern sinnlos, das Ergebnis

verkehrt sich ins Gegenteil. Die Eltern können ihre superiore Position nur retten, wenn sie sich in die Rolle der überlegenen Erzieher begeben und die jungen Leute gerade durch ihre demonstrative Abwesenheit zur Selbständigkeit erziehen. Und diesen einzigen für sie gangbaren Weg gehen sie mit dem Gefühl ihrer bleibenden Überlegenheit.
Wollte man daraus einen allgemein gültigen Rat für junge Leute ableiten, die von ihren Eltern mit allzugroßer Fürsorge eingedeckt werden, so müßte man die jungen Leute – vorausgesetzt, daß bei den Eltern die gleichen Motive vorliegen wie bei den Eltern im obigen Beispiel – auffordern: „Wehrt euch nicht gegen die Fürsorge Eurer Eltern, fordert sie im Gegenteil ständig heraus! Deckt sie mit kleineren und größeren Aufträgen ein, holt sie zu Arbeiten, die Euch beschwerlich sind, laßt sie für Euch bezahlen. Wichtig ist, daß die Dinge, die die Eltern für Euch erledigen, auch von Euch selbst gemacht werden könnten, und daß die Eltern dies nach und nach selbst bemerken. Wichtig ist auch, daß ihr Euch die Freizeit gönnt, die ihr auf diese Weise Euren Eltern vorenthaltet. Schafft Euch mit dem Geld, das Eure Eltern für Euch ausgeben, Dinge an, deren Nutzen für sie nicht einsichtig ist, und zeigt auf diese Weise, daß ihr eigentlich gar nicht auf die Geschenke der Eltern angewiesen seid."
Die Kur ist zwar hart und erfordert von seiten der Kinder eiserne Nerven, sie fördert jedoch die Einsicht der Eltern in die Verfehltheit ihrer bisherigen „Erziehungsmethoden". Auch für Jugendliche gilt als Konsequenz, daß nicht Gegenwehr, sondern übermäßige, geradezu unverfrorene Inanspruchnahme der elterlichen Fürsorge zu einem Ausbleiben führt.

Zu Aufgabe 4: Paul Watzlawick u. a., Die Angst vor dem Reden

Bei dieser weit verbreiteten und den meisten von uns bekannten Angst vor dem öffentlichen Reden überwuchert für den Sprechenden die Bedeutung des Beziehungsaspektes seiner Ansprache bzw. seines Vortrages diejenige des Inhalts. Der Vortrag geschieht ja normalerweise des Inhalts wegen, die Angst vor dem öffentlichen Sprechen tritt aber bezeichnenderweise auch auf, wenn der Inhalt völlig abgesichert und unstrittig ist oder wenn es nur darum geht, einen Text abzulesen. Der Redner unterstellt jedoch mehr oder weniger unbewußt, durch seinen Vortrag eine besonders hervorgehobene Position gegenüber seiner Zuhörerschaft einnehmen zu müssen, und fühlt sich durch einen ungeheuren Erwartungsdruck verunsichert. Denn die besondere überhöhte Position gegenüber der in großer Zahl erschienenen Zuhörerschaft entspricht nicht der sonstigen Beziehung des Vortragenden zu diesen Personen und erscheint gerade dadurch aufs höchste gefährdet.
In dem Augenblick, in dem jedoch die unausgesprochen unterstellte und wegen ihrer Instabilität gleichzeitig gefürchtete Beziehungsdefinition offen abgelehnt wird, kann der Ausrutscher aus der überhöhten Position nicht mehr passieren. Ein Versprecher bedeutet keinen peinlichen Absturz aus einer zu Unrecht angemaßten Rolle, keine Degradierung mehr. Dafür fehlt nunmehr einfach die Fallhöhe. Wenn die Angst vor dem Enttäuschen einer Beziehungserwartung entfällt, ist es meist leichter, den befürchteten Fehler zu vermeiden, gerade, weil dies eigentlich gar nicht mehr nötig ist. Oft genügt es schon, wenn sich der Redner die Bemerkung über seine Nervosität lediglich vornimmt

oder bereithält, ohne sie wirklich auszusprechen, damit die Unsicherheit und der Druck verschwinden.
Diese Technik, die nicht erreichbare, aber von anderen eventuell vorausgesetzte Position in einer Beziehung einfach als nicht erreichbar auszusprechen, läßt sich auch auf andere Anwendungsgebiete ausdehnen. Watzlawick erwähnt unter anderem Erröten, nervöses Zittern, Angst davor, langweilig zu wirken, insbesondere gegenüber einer Person des anderen Geschlechts, usw.

Zu Aufgabe 5: Georg Büchner, Woyzeck (Der Hauptmann. Woyzeck)

Das ungleiche Verhältnis zwischen dem Hauptmann und seinem Diener Woyzeck ist schon durch ihren unterschiedlichen soldatischen Rang gegeben. Aber auch bei diesem außerdienstlichen Gespräch läßt sich schon an der Verteilung der Sprechakte die Ungleichgewichtigkeit der beiden erkennen. Der Hauptmann gibt die Anweisungen, stellt die Fragen, trifft Feststellungen, Woyzeck beschränkt sich auf die antrainierte Bestätigung *Ja wohl, Herr Hauptmann* selbst dann, wenn diese Antwort vom Zusammenhang her völlig unangebracht ist. Erst gegen Ende des Dialogs, als der Hauptmann seinem Burschen Woyzeck moralische Vorwürfe wegen des unehelichen Kindes von Woyzeck macht, rechtfertigt sich dieser und nimmt Stellung zu dem vom Hauptmann so gern gebrauchten Wort *Tugend*.
Trotz seiner eindeutigen Dominanz versucht der Hauptmann mit seinen Beiträgen in äußerst vordergründiger und primitiver Weise, sich gegenüber Woyzeck als überlegen abzuheben. Es genügt ihm nicht, daß Woyzeck ihn untergeben rasiert. Seine enorme Intellektualität beweist der Hauptmann, indem er ausrechnet, wieviele Monate die nächsten dreißig Lebensjahre Woyzecks umfassen und sich davon ausgehend zu kühnem Philosophieren über die Ewigkeit hinreißen läßt. Dabei spielt es keine Rolle, daß er sich weitgehend zusammenhanglos äußert und sich in Tautologien verirrt. Da Woyzeck den Sinn jeglicher Ausführungen von vornherein nicht zu verstehen vermag, gelingt es dem Hauptmann ohne Gefahr, gegenüber Woyzeck den großen Mann von Welt, ja den Gelehrten herauszustellen. Doch diese positive Selbstaufwertung genügt ihm noch nicht. Er weist mit Hilfe einer primitiven Fangfrage, auf die Woyzeck mit „Ja“ antwortet, dessen Dummheit nach und geht anschließend dazu über, Woyzeck auch moralisch als vergleichsweise minderwertig zu klassifizieren. Als Woyzeck sich verteidigt, hat die intellektuelle Überlegenheit des Hauptmanns rasch ihre Grenzen erreicht. Deshalb nimmt seine Selbstaufwertung nun direktere Züge an. Nachdem er nacheinander durch verschiedene Inhalte seine Dominanz indirekt zum Ausdruck brachte und dafür nacheinander in die Rolle des Rechenkünstlers, des Vorgesetzten, des Philosophen und des Moralisten schlüpfte, also in Rollen, die Woyzeck nicht übernehmen kann, lobt er sich gegen Ende des Dialogs direkt als tugendhaften Menschen. Als Woyzeck mit seiner naiven Infragestellung der Tugendhaftigkeit den Hauptmann in Verwirrung stürzt, kann dieser seine angemaßte Überlegenheit nur noch retten, indem er das Recht wahrnimmt, unter Verweis auf seinen angegriffenen Zustand das „Gespräch“ einfach abzubrechen.
Aus diesem Verlauf des Dialogs wird klar, daß die Aspekte der Beziehungsdefinition für den Hauptmann dominant sind. Er hätte ähnliches auch mit anderen Inhalten versuchen und erreichen können.

Zu Aufgabe 6: Friedrich Schiller, Maria Stuart, 3. Akt, 4. Szene (Der Streit der Königinnen)

1. Die Sprechakte, die Maria vornehmlich macht, sind Bitten, die aber zugleich Aufforderungscharakter haben:
   - *Doch seid auch Ihr nun edelmütig Schwester! / Laßt mich nicht schmachvoll liegen, Eure Hand / Streckt aus, reicht mir die königliche Rechte, / Mich zu erheben von dem tiefen Fall.*
   - *Um dieser fremden Zeugen willen, ehrt / In mir Euch selbst, entweihet, schändet nicht / Das Blut der Tudor, das in meinen Adern / Wie in den Euren fließt.*

   Die Sprechakte Marias als Bitten werden durch den Kniefall unterstrichen, der Aufforderungscharakter ihrer Bitten durch den steigenden Affekt Marias, als Elisabeth nicht auf ihre bittenden Wünsche eingeht.
   Elisabeth macht auf den ersten Blick nur Feststellungen als Sprechakte, doch sind diese Feststellungen implizit Beleidigungen. Elisabeth fixiert Maria mit den Augen und spricht zu Paulet: *Mein gutes Volk liebt mich zu sehr. Unmäßig / Abgöttisch sind die Zeichen seiner Freude; / So ehrt man einen Gott, nicht einen Menschen.* Diese scheinbaren Feststellungen enthalten insofern Beleidigungen, als sie an Maria gerichtet sind, obwohl Elisabeth nicht mit ihr spricht, und ihr deutlich machen sollen, daß Maria nicht mehr diesen Status einer beliebten Königin hat. Auch die Feststellung Elisabeths *Ihr seid an Eurem Platz, Lady Maria!* ist beleidigend und wird von einer distanzierten und herablassenden Haltung begleitet. Wenn Elisabeth ferner streng und kalt sagt: *Ihr habt mich sprechen wollen. Ich vergesse / Die Königin, die schwer beleidigte, / Die fromme Pflicht der Schwester zu erfüllen, / Und meines Anblicks Trost gewähr ich Euch,* so sind dies nicht nur harmlose Feststellungen.
2. Die Sprechakte Elisabeths sollen zum Ausdruck bringen, daß Maria unterlegen ist und sich unterwerfen muß. Elisabeth will eine vollständige Unterwerfung, denn nur so lassen sich ihre Beleidigungen erklären. Man kann nur den ungestraft beleidigen, der sich bedingungslos unterworfen hat. Diese Beleidigungen und damit auch die Redeabsicht Elisabeths setzen sich auch im weiteren Verlauf des Gesprächs fort:
   - *Mein guter Stern bewahrte mich davor, / Die Natter an den Busen mir zu legen.*
   - *Es lüstet keinen, Euer – vierter Mann / zu werden, denn Ihr tötet Eure Freier / wie Eure Männer.*

   Auch den Habitus der Allmacht über eine Untergebene behält Elisabeth bei, wenn sie auf Zweifel Marias, daß sie als Königin Englands tun und lassen kann, was sie will, antwortet: *Wer soll mich hindern?*
   Mit ihren Bitten akzeptiert Maria, daß sie die Unterlegene ist. Maria nimmt diese Rolle aber nur als vorläufige an, denn der Aufforderungscharakter ihrer Bitten zeigt, daß sie als gleichwertig anerkannt sein und auf der gleichen Stufe wie Elisabeth stehen will. Die folgenden Äußerungen Marias im weiteren Verlauf des Gesprächs unterstreichen dies:
   - *Ihr habt an mir gehandelt, wie nicht recht ist, / Denn ich bin eine Königin wie Ihr ...*
   - *Seht! Ich will alles eine Schickung nennen: / Ihr seid nicht schuldig, ich bin auch nicht schuldig.*

3. Der offene Streit zwischen Elisabeth und Maria beginnt mit der endgültigen Unterwerfung Marias, die aber nur scheinbar ist. Maria behält immer noch ihre Würde. Elisabeth antwortet darauf mit massiven Beleidigungen, um ihr diese Würde zu nehmen und sie endgültig zu unterwerfen. Diese ihr von Elisabeth nahegelegte Rolle der vollständigen Unterwerfung kann Maria wiederum nicht annehmen, und sie reagiert in gleicher Weise mit Beleidigungen. Als Sprechakte treten damit offene Beleidigungen in den Vordergrund.
   Der Grund für den unversöhnlichen Streit liegt ausschließlich im ungeklärten Beziehungsaspekt der beiden Königinnen. Maria will eine Beziehung, in der beide gemäß ihres Status als Königinnen als gleichwertig anerkannt sind. Elisabeth will dagegen als überlegen gelten und strebt eine völlige Unterwerfung Marias an. Maria ist nicht bereit, diese Definition anzunehmen, wehrt sich dagegen und erklärt sich am Ende sogar als überlegen: *Regierte Recht, so läget Ihr vor mir / Im Staube jetzt, denn ich bin Euer König*. Diese Definition Marias entspricht genau dem Gegenteil des ursprünglichen Beziehungswunsches Elisabeths, und Elisabeth verläßt daraufhin erbost den Schauplatz.
4. Ein versöhnlicher Ausgang des Gesprächs wäre durchaus möglich gewesen. Es hätte nur einer von beiden die Rolle annehmen müssen, die ihm der andere nahegelegt hat. Maria hätte sich völlig unterwerfen und die Beleidigungen Elisabeths demütig hinnehmen müssen. Elisabeth hätte dagegen Maria als gleichwertig anerkennen können.
   Eine andere, wenn auch unwahrscheinliche Möglichkeit wäre gewesen, daß die beiden Gesprächspartner die Inhaltsebene verlassen und sich über ihre Beziehung unterhalten hätten.

Kommentierte Auswahlbibliographie

Seit philosophiert wird, wird auch über Sprache nachgedacht. Deshalb können im folgenden nur Arbeiten genannt werden, die eine rasche Einführung in den Stand der gegenwärtigen Diskussion bieten und die früheren Überlegungen gewissermaßen schon enthalten. Diese Auswahlbibliographie sollte lediglich als ein Hinweis für eine erste Annäherung an die in diesen Stundenblättern behandelten Themen verstanden werden. Wer die Mühe auf sich nimmt, einzelne der genannten Arbeiten zu lesen, wird merken, daß hier – im Gegensatz zu literaturwissenschaftlichen Werken – der Weg zur Klarheit lang und beschwerlich ist und daß schon viel erreicht ist, wenn bestimmte Mißverständnisse beseitigt werden können.

Leider hat die deutsche Sprachwissenschaft und Sprachphilosophie in diesem Jahrhundert die meisten Impulse von außen erhalten und wichtige Entwicklungen, insbesondere im angelsächsischen Raum, lediglich nachvollzogen. Es sollte deshalb nicht verwundern, daß ein großer Teil der empfehlenswerten Arbeiten von dort stammt und daß die deutschen Arbeiten meist nur den dort erreichten Stand diskutieren.

Die kürzeste und übersichtlichste Beschreibung und Kritik der gängigen Bedeutungstheorien bietet *Hans Jürgen Heringer, Praktische Semantik, Stuttgart 1974.* Empfehlenswert ist in unserem Zusammenhang der Anfangsteil des Buches. Heringer lehnt sich dabei an die klassische Arbeit von *William P. Alston, Philosophy of language, Englewood Cliffs 1964* an. Eine etwas umfassendere und in Einzelheiten gehende Darstellung verschiedener Bedeutungstheorien findet sich bei *Franz von Kutschera, Sprachphilosophie, München 1975.* Der Verfasser gibt einen informativen Überblick und bezieht auch Fragen logischer Theorien mit ein. Neben Fragen der Semantik werden auch Probleme von Syntaxtheorien und Aspekte der Erkenntnistheorie angesprochen.

Natürlich ist gerade die Gebrauchstheorie Wittgensteins Gegenstand zahlreicher Darstellungen. Nicht immer besteht Einigkeit in der Auslegung, und man möchte deshalb auf Wittgenstein selbst verweisen. Zentral für Wittgensteins späte Ansichten sind die *Philosophischen Untersuchungen, Frankfurt 1971.* Allerdings handelt es sich bei diesem Werk um einen genialen Steinbruch, in den der Leser anfangs nur schwer Ordnung bringen kann. In unserem Zusammenhang sind besonders die Paragraphen 1 bis 130 sowie 200 bis 225 bedeutsam. Das soll natürlich nicht heißen, daß die nicht genannten Abschnitte nicht interessant wären. Die zentralen Überlegungen zu Wittgensteins Sprachphilosophie finden sich auch in seiner *Philosophische(n) Grammatik, Frankfurt 1973,* insbesondere auf den Seiten 5 bis 209.

Wer diese Stundenblätter kennt, wird sich schon etwas leichter tun, die Wittgensteinschen Gedanken einzuordnen. Ob die zahlreichen Wittgenstein-Darstellungen in dieser Beziehung immer hilfreich sein können, soll an dieser Stelle nicht diskutiert werden. Für einen ersten Überblick eignen sich, wenn auch mit Einschränkungen, folgende Arbeiten: *Wolfgang Stegmüller, Hauptströmungen der Gegenwartsphilosophie I, Stuttgart 1969, S. 564ff.* und *Anthony Kenny, Wittgenstein, Frankfurt 1974.*

Einen ersten Überblick in die Thematik und Denkweise der angelsächsischen Philosophie dieses Jahrhunderts bietet *G. J. Warnock, Englische Philosophie im 20. Jahrhundert, Stuttgart 1971.* Ähnliches versucht *Eike von Savigny, Analytische Philosophie, Freiburg/München 1970.*

Was sprachliche Regeln, also gewissermaßen Spielregeln, im Unterschied zu den Regelmäßigkeiten der Natur sind, wird schön erklärt von *Günther Öhlschläger, Einige Unterschiede zwischen Naturgesetzen und sozialen Regeln,* in: *H. J. Heringer (Hrsg.), Seminar: Der Regelbegriff in der praktischen Semantik, Frankfurt 1974.* Er orientiert sich dabei an dem zentralen und kaum zu überschätzenden Werk von *Peter Winch, Die Idee der Sozialwissenschaft, Frankfurt 1966,* in dem besonders deutlich gemacht wird, wie wenig angemessen naturwissenschaftliche Methoden zur Erfassung sozialer Phänomene, also auch der Sprache, sind.

Will man Näheres zur Sprechakttheorie erfahren, so sollte man sich an die Arbeiten der wichtigsten Autoren halten. Als Vater der Sprechakttheorie wird häufig *John L. Austin* bezeichnet. Beim Reclam-Verlag ist 1972 als preiswerte Ausgabe eine überarbeitete Vorlesungsreihe Austins zur Sprechakttheorie unter dem Titel *Zur Theorie der Sprechakte (How to do things with words)* erschienen. Wer die Langatmigkeit dieser Vorlesungsreihe vermeiden will, greife zu *J. L. Austin, Wort und Bedeutung, München 1975.* Hier findet sich Austins Sprechakttheorie sehr anschaulich dargestellt unter dem Titel *Performative Äußerungen.* Daneben enthält der Band noch weitere interessante Arbeiten Austins zu einzelnen Sprechakten und zu einigen strittigen Fragen der Philosophie.

Empfehlenswert ist auch der Sammelband von *Matthias Schirn (Hrsg.), Sprachhandlung – Existenz – Wahrheit. Hauptthemen der sprachanalytischen Philosophie, Stuttgart 1974.* Hier finden sich nämlich einige außergewöhnlich informative und kurze Aufsätze, aus denen man sehr gut entnehmen kann, worum es in den Sprechakttheorien geht. Besonders hingewiesen sei dabei auf *William P. Alston, Sprachliche Akte* sowie auf *J. R. Searle, Was ist ein Sprechakt?* Diese Arbeit ist wohl die beste zusammenfassende Darstellung von Searles Sprechakttheorie. Sie macht es beinahe überflüssig, Searles Standardwerk *Sprechakte. Ein sprachphilosophischer Essay, Frankfurt 1971* zu lesen, zumal die deutsche Übersetzung nicht unbedingt zur Klarheit beiträgt. Eher sollte man sich Searles kurzen Aufsatz *Theorie der menschlichen Kommunikation und Philosophie der Sprache – Einige Bemerkungen* vornehmen, in welchem Searle genau die Thematik dieser Stundenblätter behandelt. Erschienen ist dieser Aufsatz in der Sammlung *Rolf Wiggershaus (Hrsg.), Sprachanalyse und Soziologie. Die sozialwissenschaftliche Relevanz von Wittgensteins Sprachphilosophie, Frankfurt 1975.*

Der Schreiber dieser Zeilen ist mit den Auffassungen der meisten Sprechakttheorien nicht ganz einverstanden und hat seine Kritik zusammen mit Verbesserungsvorschlägen formuliert in *Josef Häfele, Der Aufbau der Sprachkompetenz. Untersuchungen zur Grammatik des sprachlichen Handelns, Tübingen 1979.* Hingewiesen sei besonders auf die Seiten 12 bis 26 und die Seiten 54 bis 83, wo einerseits Sprechakttheorien referiert und kritisiert werden, andererseits aber gezeigt wird, wie eine Fortentwicklung der Sprechhandlungstheorie und ihre Zusammenführung mit Grammatiktheorien aussehen könnte.

Weniger schwierig, dafür um so anregender ist *Paul Watzlawick u. a., Menschliche Kommunikation. Formen, Störungen, Paradoxien, Bern 1969.* Der Benutzer dieser Stundenblätter kennt ja schon einige

Auszüge. Watzlawicks Ansichten über die Sprache sind nicht in jedem Punkt unstrittig. Auch fällt sein Hang zu übermäßiger Terminologiebildung unangenehm auf. Ein Gewinn ist die zumindest ausschnittweise Lektüre aber allemal.

Stundenblätter Deutsch für die Sekundarstufe I

Manfred Eisenbeis
Stundenblätter Frisch „Andorra“
Klettbuch 927251

Günter Falch
Stundenblätter Familienprobleme im Jugendbuch
Nöstlinger, Wir pfeifen auf den Gurkenkönig (Kl. 5)
Haagen, Die Nachtvögel (Kl. 6)
Klettbuch 927484

Dorothea Freudenreich/Fritz Sperth
Stundenblätter Rollenspiele im Literaturunterricht
Klettbuch 927421

Heribert Gorzawski
Stundenblätter „Tonio Kröger“
Klettbuch 927461

Peter Haida
Stundenblätter Keller „Romeo und Julia auf dem Dorfe“
Klettbuch 927291

Winfried Hermann
Stundenblätter „Der Papalagi – Ein Südseehäuptling erlebt unsere Zivilisation“
Klettbuch 927301

Gesine Jaugey
Stundenblätter „Kleider machen Leute“/ „Taugenichts“
Klettbuch 924011

Gesine Jaugey
Stundenblätter „Schimmelreiter“ und „Judenbuche“ im Vergleich
Klettbuch 92739

Stephan Lehle
Stundenblätter „Insel der blauen Delphine“
Klettbuch 927191

Otmar Leppla/Hartmut Fischer
Stundenblätter Plenzdorf „Die neuen Leiden des jungen W.“
Klettbuch 927481

Rosemarie Lutz/Udo Müller
Stundenblätter Fabeln
Klettbuch 927483

Wolfgang Salzmann
Stundenblätter Kurzgeschichten für die Klassen 8/9
Klettbuch 927382

Dieter Schiller
Stundenblätter Alfred Andersch „Sansibar oder der letzte Grund“
Klettbuch 927141

Günter Scholdt/Dirk Walter
Stundenblätter „Hauptmann von Köpenick“
Klettbuch 927131

Barbara Stamer
Stundenblätter Märchen für das 5.–7. Schuljahr
Klettbuch 927241